"深扎"文丛

WO CHANGCHANG WEI KUNHUO ER XIE

我常常为困惑而写

乔叶 著

河南大学出版社
HENAN UNIVERSITY PRESS
·郑州·

图书在版编目(CIP)数据

我常常为困惑而写/乔叶著.—郑州:河南大学出版社,2018.7
("深扎"文丛)
ISBN 978-7-5649-3430-9

Ⅰ.①我… Ⅱ.①乔… Ⅲ.①中国文学－当代文学－作品综合集 Ⅳ.①I217.2

中国版本图书馆 CIP 数据核字(2018)第 169575 号

总 策 划	侯若愚
责任编辑	任湘蕊
责任校对	韩 琳
封面设计	侯一言
出版发行	河南大学出版社
	地址:郑州市郑东新区商务外环中华大厦 2401 号　邮编:450046
	电话:0371-86059701(营销部)　网址:www.hupress.com
印　　刷	河南瑞之光印刷股份有限公司
版　　次	2018 年 11 月第 1 版　印　次　2018 年 11 月第 1 次印刷
开　　本	889mm×1194mm　1/32　印　张　6.125
字　　数	170 千字　定　价　35.00 元

版权所有·侵权必究
本书如有印装质量问题,请与河南大学出版社营销部联系调换

目 录

第一辑

3　　失脑记

6　　红绿灯

7　　"可以"这条线

9　　没错,我是幸灾乐祸的人

11　　来自特殊世界的思索

14　　刀爱

16　　麦粒与糠皮

18　　缆车里有一双高举的手

21　　雪崩还在继续

23　　每一朵乌云都镶有银边

25　　生命的递减

27　　因为智慧

29　　语短情长

31　　为这样一个人落泪

35　　礼物

第二辑

41　　煲汤

51　　煮饺子千万不能破

66　　厨师课

84　　最后的爆米花

第三辑

105　一个下午的延伸
123　从尘埃里开出花来
138　"小说的伦理就是要走自己的独木桥"
155　我的作品不是精神"甜品",不提供简单的幸福
162　时光闲逛中的文学老灵魂
165　两个干净人的爱情
171　"李巧艳"是我的世俗生活,"乔叶"则是我的精神生活
177　对话乔叶:我常常为困惑而写
182　乔叶:面对青春的营养,我是获得者

第一辑

失 脑 记

我因为忘性大,就很怕丢东西。可忘性既然无法根治,丢东西就在所难免。2010年11月8日,我格外需要记住这个特别的日子:这一天,我在新郑机场丢了一台崭新的笔记本电脑。

那天上午,我和著名作家郑彦英老师一同来到新郑机场,准备去绍兴。彼时彼刻,我和郑老师对彼此的意义都很特殊。一、之所以一起出差到绍兴,是为了领取我们共同获得的第五届鲁迅文学奖,可谓是"奖友"。二、他以前写小说,现在写散文,此次是以小说化的散文《风行水上》获散文奖。我以前写散文,后来写小说,此次是以散文化的小说《最慢的是活着》获小说奖。——呵呵,真绕口啊。

抵达新郑机场,我一手拎着咖啡色的电脑包,一手拉着行李箱,和郑老师一起来到自动值机柜台前,自动值机的好处是可以选择座位,我们可以坐得近一点儿聊天。我将手中之物放置在身后,打印完登机牌,便和郑老师一起去托运行李,排队的人很多,大约二十多分钟后我们才托运完毕,我手中空空,隐约觉得似乎少了点儿什么东西——呀,呀,想起来了,我的电脑!——我的那台崭新的笔记本电脑啊!

我们赶快跑到值机柜台前寻找,哪里还有电脑的影子?!问了一大圈,连保洁工都找了好几个,未果。此时,环顾四周,辽阔的机场大厅里熙熙攘攘,人流匆匆,我盯着过往的每个人的手,祈祷是哪个好心人拿错了,给我送还回来……

但,希望是渺茫的,事实是残酷的,除了没有,还是没有。

"报案!"郑老师提醒。于是我们来到安检口旁边挂着警察标志的一所小房子里——后来知道那是新郑国际机场公安局的航站楼派出所,值班民警例行接待了我们,做过记录,便打电话到监控室。过了很长时间——或许是我的心太急了,直到我们必须得去安检了,监控室传出来的信息还是没有看出个所以然。"监控设备都老化了,所以一来是速度慢,二来是得反复看。"他们如此解释。

我提议说我自己去监控室看,被他们断然拒绝:"我们有严格规定,监控室不能随意进入。"

"那,你们觉得有把握找到电脑吗?"

"尽力吧,但不能保证。一来监控也会有死角。二来捡到电脑的人如果不是乘客而只是送行的人或者是别的什么人,那我们就无从查找人家的记录,就要全靠他们的素质了。"他们一五一十地说。

我已基本绝望,对自己的沮丧顿时化作对他们的懊恼直冲心头,在郑老师的安慰中我边上飞机边愤愤不平地抱怨:"人民警察?他们是干什么吃的?整天都在那里闲坐,关键时刻有什么用?"——仿佛我丢电脑的时刻就是关键时刻。

来到绍兴,为了疏散不良情绪,我像鲁迅先生笔下的祥林嫂一样跟熟识的朋友们一遍遍诉说自己的遭遇,朋友们自是纷纷劝解,这个说有失必有得,那个说破财免灾,为了我的心理平衡,大家甚至把自己丢东西的光辉历史都纷纷贡献了出来……还别说,确实有效。五天之后,我们再次乘机返达新郑机场时,本来在飞机上我还念叨着说下飞机再到派出所问问,但下了飞机我便徜徉而去。——我已经彻底忘记了这回事。忘性大的人,倒也有这点儿好处。

车行至机场高速半路,手机突然响了,一个陌生的号码,一个陌生的声音:"你的电脑找到了,请来航站楼派出所领取吧。"惊喜中,我猛捶郑老师的肩膀,几乎不敢相信这是真的。

但是,就是真的:那就是我的电脑,崭新如初,毫发无损。

一个微胖帅哥、一个标准帅哥,两个帅哥警察简单向我叙述了他们破案的过程:仔细研究监控,耐心细致推理,慎重锁定目标,快捷果断出击……电脑是在上海警方的配合下被拦截到的,地点是虹桥机场。

"还是应该信任他们。"再次奔赴在机场高速上,郑老师语重心长地说。

我无语。回忆着自己对他们的误解,想象着他们寻找电脑的每个环节——他们的叙述是简单的,但这简单的叙述实践起来有多复杂多辛苦,我知道。敬佩、愧疚、感谢……诸多情愫涌上心头,不由感慨:人民警察,终究还是为人民的啊。

无以表达,作为人民之一的我采取了两种方式:一是举着电脑和他们合了张影;二是发挥自己的唯一特长,写了封形式特别的表扬信——就是这篇小文啊。

红 绿 灯

很小的时候,刚知道红绿灯这种东西的时候,每次过马路,我都会很小心地看看红绿灯。红灯停,绿灯行,执行得小心翼翼,一丝不苟。那时候,远远地看见是红灯,就会懊恼,想着怎么又是红灯了呢？若是绿灯自然是欣喜,就会加快脚步,想着要赶快过去。仿佛每个绿灯都是个千载难逢的时机,一步跟不上,就会步步跟不上,自己的身家前程都在这一个绿灯上。

慢慢地,长大了,路口过得多了,看见很多人在红灯的时候也过,绿灯的时候也过,也就不那么在意红绿灯了。常常也便是红灯时也过,绿灯时也过。那时候,远远地看见红灯是绿灯,绿灯也是绿灯。想着什么红灯,什么绿灯,规则是死的,人是活的,何必那么板板眼眼呢？

再后来,长得更大了些,路口过得更多了些,不知不觉间就有了畏惧,明白了:最基本的规则还是应该遵守的,红绿灯还是应该看看。于是,又开始红灯停,绿灯行。偶尔估量一下形势,也会闯闯红灯。那时候,远远地看见红灯就会欣喜,就知道等我走到跟前,红灯就会变成绿灯了。如果远远地看见的是绿灯,反而还会压下步子,知道这绿灯对于我毫无意义,等我到的时候很可能绿灯就会变成红灯。这种辩证法的运用让我在很多时候都受益良多,慢慢从容起来。

后来的后来,也就是现在,似乎已经开始老了。路口自然是过得比以前更多,也知道将来还会过不少,心思反而越来越简单起来。知道那一个个路口反正就在那里,红灯也好,绿灯也好,有灯也好,无灯也好,我只需老老实实地走,慢慢地过就是了。说到底也就是那几句老话:尽人事,听天命,顺其自然。也就是这时候才明白:老话的本质很像红绿灯。

"可以"这条线

年龄越大,对别人就越不抱什么积极的期望。——不是悲观,悲观是一种态度。我没有态度,有的只是实打实的认识。比如那个程度副词:好。现在是越来越明白:哪里有什么"最好"呢,"更好""很好",这也都是少的,甚至连"好"都寥若晨星,能到"还好"就算不错了,相比之下,"可以"大约是最俗常最普世的面貌。

可以。对,就是这个词。不是好,也不是不好,而是好的最低档,不好的最高档。不是行,也不是不行,而是行的最低档,不行的最高档。总之是有些勉强,但也在尺度之上。不过是最简单的两个字,但意味却是那么微妙和丰富:有轻微的肯定,有含蓄的否定,有坚韧的无奈,有柔软的妥协……

在底线之上,接近于底线。这就是"可以"的本质。这晃晃悠悠的两个字如一条粗壮的钢丝绳,承载了多少紫陌红尘芸芸众生啊。这个世界最常见的状态,就是它。在它之下,就是那道底线:不可以。

踩在这条线上,其实是很容易掉下去的。

如此想来,我现在对待别人的原则通常也就是两条,一条是可以,另一条就是不可以。

曾经有一个人,相处之初还觉得他是诚厚君子,后来发现他有一个爱好:习惯性失约。一次,两次,三次之后,我就和他断交了。——他掉下了我的"可以"线。掉线的具体过程就是:

可以失约,不可以习惯性失约;

可以习惯性失约,不可以不事先告知;

可以不事先告知,不可以不事后道歉。

如果最后的底线也被突破,那就没有以后了。

掉线的人一旦掉线,几乎就没有再上线的可能。因为他掉的是底线。我对自己说:"可以原谅,不可以经常原谅;可以经常原谅,不可以对同一个人经常原谅。"因为,经常原谅同一个人的同一种错误,在某种意义上对于原谅者来说,就是缺乏起码的自尊和自爱。那绝不可以。

一辈子都做一个在"可以"线之上的人,也交在"可以"线之上的人。我素无大志,这算是我小小的野心。

没错，我是幸灾乐祸的人

日本大地震的消息刚刚传来，便有朋友发短信给我："明知道幸灾乐祸不道德，但是没办法，我还是有些幸灾乐祸。看来还是得修行啊。"

我会意。呵，我也有。听到这个消息的第一时间，我的想法就是：这事没有发生在中国，这真好。

当然，不止这一次。这样的事情还有很多次，每次我都会想：不是我们省，真好；不是我们市，真好；不是我们区，真好；不是我们单位，不是我的朋友，不是我的家人——直至最低的底线：不是我，这真好。

但是，有一次，轮到我了。那次出差，单位给我配了一台新电脑，新到什么程度？一次都没有用过，我都忘记了它是我的。于是，在机场自动值机柜台那里打印登机牌的时候，我把这台崭新的电脑给丢了。怀着沮丧到了会上，我把这个噩耗告知与会的朋友，他们兴奋地询问着，似乎我这件倒霉事对他们来说新闻价值是第一，谈资是第二，安慰和同情只是第三。因为随即他们便开始聊起了各自丢东西的历史，这个说他丢过钱包，那个说他丢过手机，有的是手表，有的是项链……都快凑成一个百货大楼了。耳听着大家聊得唾沫飞溅，兴高采烈，我在纳闷之后终于慢慢释然：原来，我的不幸居然能给人们带来如此快乐，别人对我也有幸灾乐祸之心啊。——即使，是很好的朋友。

不，我没有指责他们的意思。我想说的只是，我在那一瞬间突然明白了，原来，正如有明就有暗，有正就有反，有阳光就有阴影一样，幸灾乐祸，人人皆有。不过有的浓，有的淡。有的深，有的浅。有的突出，有的隐含。如此而已。而之所以会对灾祸感到幸乐，只是因为，那些灾祸都不在自己或者自己爱的人身上。

这是丑的。但是,又是应该被充分理解的。难道不是吗?

——这尘世是如此不易,要承受的东西是如此之多,别人的灾祸会让我平衡:原来,并不只是我倒霉,并不只是我不走运。我只是其中最普通的一个。

——我深知自己的卑微和平凡,我的卑微和平凡让我和别人没有任何不同。但是,此时,此事,命运却是如此眷顾我,对我如此疼惜,在这一刻没有让我遭遇这种不幸。我当然得为此感到幸运和喜乐。事实上,我的这种幸乐并不针对人,只针对事。当然,我对此会觉得不好意思,但并不觉得非常愧疚。因为我知道,在我面临灾祸的时刻,我也会贡献出自己的灾祸,用这灾祸滋养出别人的幸运和喜乐。

——在这种性情下建立起来的幸运和喜乐,当然算不上高尚,也称不得洁净。但是,它是真实的,也是坦诚的。它应该被上帝原谅,因为,它萌生的前提是:我只是在为自己感恩,并没有任何诅咒之心。如此而已。

那就原谅吧。只要不是一定得把自己的幸乐建立在别人的痛苦之上。也就是说,看到别人的灾祸,可以为自己幸乐。但不排除在幸乐的同时也为别人痛苦。更不意味着说别人幸乐的时候你就会痛苦。——这话真绕。但我还是想要说得更清楚些,也就是说,如果一个人只能在把幸乐建立在别人的灾祸之上,那他的幸乐就不能被原谅。如果一个人既能把幸乐建立在别人的灾祸之上,也能把幸乐建立在别人的幸乐之上,还能够把悲伤建立在别人的灾祸之上,那么,这个人的幸乐,就可以被原谅。举个简单的例子,日本大地震了,你会庆幸:不是在中国!看到废墟里救出了一个人,你会欢呼:多好,他还活着!而目睹海啸席卷了那么多无辜的生命,你也会落泪:这凶险的世界啊。——只要没有在这之前念叨着让地震降临,那就可以被原谅。

在我的意识里,就是这样。无论上帝怎么想,反正我是原谅你了,如同原谅我自己——不,就是原谅我自己。没错,我就是这样一个人,就是这样一个幸灾乐祸的人啊。

来自特殊世界的思索

永远的尿片

大哥大嫂都是某监狱的管教干部。有一段时间,我带着孩子到他家小住。一次,我不经意地把一块尿片放到了茶几上,大嫂看到了,立即拿起来说:"怎么把这种东西放到茶几上?"

"这尿片可是我用洗衣粉洗了又洗的,干净得很。"我开玩笑道。

"可尿片终归是尿片。"大嫂一向是个严肃的人,便很认真地说。

我没有再和她分辩什么。握着这块平常的尿片,却忽然想起了素日里哥嫂对犯人出狱后新生之路的状况所发的感慨。他们曾说,犯人在法律意义上虽然不会是永远的犯人,人们也口口声声地说不会再歧视他们,但是在许多人眼里,他们还是变成了异类,成了终生的犯人。正是这种顽固的意识最易让有犯罪史的人们自暴自弃,从而重蹈覆辙。

亦如这块尿片。

其实,尿片在成为尿片之前也许会有许多种美好的历史或者是可能:口罩、毛巾、床单、窗帘、手帕……它们会被人们由衷地欣赏和珍爱,会被香皂和香水频频亲吻。然而,多种偶然和必然的因素让它们沦为了被人另眼相看的尿片。而在它们沦为尿片之后,它们似乎就再也脱离不了尿片或类似尿片的行列:抹桌布、擦车布、拖把布……

同样,犯人在没有走进监狱之前,也会有许多美好的历史或可能:教师、技术员、歌手、舞蹈家……一时的极端让他们堕入了自掘的深渊。但是,当他们赎完了罪,想要费尽全力地爬出深渊和常人一样行走于平地时,却往往会被那些冷言与白眼踢得人仰马翻。

一朝见阎王,终生是小鬼。如果说成为犯人大多是缘于他们自己的错误,那么,当他们洗净污垢重现世间之后,却依然被刻上了"尿片"的标记,这又是属于谁的责任呢?

白色护照

那天,我和大嫂出去散步,走到监狱大门口时,看见一个年轻人背着背包从监狱里走出来,一边走,一边下意识地看着手中那张白色的纸片。

"他肯定是刚刚被刑满释放。"大嫂低声说,"手里拿的就是刑满释放证。犯人们都叫它'护照'。"

"护照?"我不禁哑然失笑,"这种护照又不能出国。"

"对他们来说,这张护照比出国还要重要。"大嫂说。

我再也笑不出来了。

是的,这张小小的纸片,在此刻一定比什么都重要。苦海无边,回头是岸。这张护照,是他们一个日子一个日子一根纤维一根纤维用心编织出来的,是他们彻底摆脱魔鬼的缠绕走向新生活的通行证明,是他们的心灵在洗澡之后获得的卫生合格证。

我又看了看那个年轻人。他走得很慢,依然很小心地把纸片捧在手心里认真端详着,仿佛在回视着自己的生命。

而那张小小的纸片,虽然洁白如雪,却也宛若重过白金。

情法辨证

大哥对我讲过这样一件事情。儿子犯了罪,母亲知道后,亲自把儿子送到公安机关自首。结果儿子被判了刑。母亲去探监的时候,母子俩一句话都没有说,只是相拥大哭。

"谁解得透他们心中的滋味呢?"大哥叹道,"法审轻,情审重。可是法判重,情判轻啊。"

我不由得一震,思忖良久,方才觉得大哥的话真是意蕴深深。

难道不是吗?

所谓轻重,都是相对而言的。当初,母亲完全可以不送儿子去自首。可是她送了。她让亲情审判道义的力量超越了法律的简单追击。但是当儿子被判刑之后,她在良知和公理上所建立起来的平衡便成了秋风中脆弱的落叶。血肉融合的深爱让他们的灵魂在冰凉的铁栏杆后颤栗和剧痛。这时候,他们的泪水是哪一行条文能够感知的呢?

因为情审重在前,所以法审就显得轻。

因为情判轻也在前,所以法判就显得重。

其实,无论是法审轻还是情判轻,都只是看似微轻。而无论是情审重还是法判重,则都是因为不得不重。

刀　爱

明媚的三月三如期来临。然而,三月三留给我印象最深的,却不是野外风筝飘飞的轻盈和艳丽,而是奶奶用刀砍树的声音。

"三月三,砍枣儿干……"每到这个时候,奶奶都会这么低唱着,在晴朗的阳光中,手拿一把磨得锃亮的刀,节奏分明地向院子里的枣树砍去。那棵粗壮的枣树就静静地站在那里,用饱含沧桑的容颜,默默地迎接着刀痕洗礼。

"奶奶,你为什么要砍树?树不疼吗?"我问。在我的心里,这些丑陋的树皮就像是穷人的棉袄一样,虽然不好看,却是抵御冰雪严寒的珍贵铠甲。现在,尽管冬天已经过去,可是春天还有料峭的初寒啊。奶奶这么砍下去,不是会深深地伤害它们吗?难道奶奶不知道"人活一口气,树活一张皮"吗?我甚至偷偷地设想,是不是这枣树和奶奶结下了什么仇呢?

"小孩子不许多嘴!"奶奶总是这么严厉地呵斥着我,然后把我赶到一边,继续自顾自地砍下去,一刀又一刀……

那时候,每到秋季,当我吃着甘甜香脆的枣子时,我都会想起奶奶手里凛凛的刀光,心里就会暗暗为这大难不死的枣树庆幸。惊悸和疑惑当然还有,但是却再也不肯多问一句。

多年之后,我长大了。当这件事情几乎已经被我淡忘的时候,在一个美名远扬的梨乡,我又重温了童年的一幕。

也是初春,也是三月三,漫山遍野的梨树刚刚透出一丝清新的绿意。也是雪亮的刀,不过却不仅仅是一把,而是成百上千把。这些刀在梨树干上跳跃飞舞,像一个个微缩的芭蕾女郎。梨农们砍得也是那样细致,那样用心,其认真的程度绝不亚于我的奶奶。他们虔诚地砍着,仿佛在精雕细刻着一幅幅令人沉醉的作品。梨树的皮屑一层层地撒落下来,仿佛是它们伤痛的记忆,又仿佛是它们陈旧的冬衣。

"老伯,这树,为什么要这样砍砍呢?"我问一个正在挥刀的老人。我恍惚明白,他们和奶奶如此一致的行为背后,一定有一个共同的充分的理由。这个理由,就是我童年里没有知解的那个谜底。

"你们读书人应该知道,树干是用来输送养料的。这些树睡了一冬,如果不砍砍,就长得太快了。"老人笑道。

"那有什么不好呢?"

"那有什么好呢?"老人反问,"长得快的都是没用的枝条,根储存的养料可是有限的。如果在前期生长的时候把养料都用完了,到了后期,还有什么力量去结果呢？就是结了果,也只能让你吃一嘴渣子。"

许久许久,我怔在那里,没有说话。

我被深深地震撼了。

树是这样,人又何尝不是如此呢？一个人,如果年轻时太过顺利,就会在不知不觉间疯长出许多骄狂傲慢的枝条。这些枝条,往往是徒有其表,却无其质,白白浪费了生活赐予的珍贵养料。等到结果的时候,他们却没有什么可以拿出去奉献给自己唯一的季节。而另外一类人,他们在生命的初期就被一把把看似残酷的刀锋斩断了甜美的微笑和酣畅的歌喉,却由此把养料酝酿了又酝酿,等到果实成熟的时候,他们的气息就芬芳成了一壶绝世的好酒。

从这个意义上讲,刀之伤又何尝不是刀之爱呢？而且,伤短爱长。

当然,树和人毕竟还有不同:树可以等待人的刀,人却不可以等待生活的刀。而且,即使等也未必能够等到。那么,我们所能做的也许就是,在有刀的时候去承受刀爱和积蓄养料,在没有刀的时候,自己把自己打造成一把刀。用这把刀,来铭记刀爱和慎用养料。

麦粒与糠皮

那天,和同事聊起了报纸上一则关于某个英雄人物的报道。

"瞧,英雄就是英雄,从小就和别人不一样。上面说他打小学三年级起就开始帮助一位退休老干部做家务。这事儿我也做过,可我的目的不纯,"同事不好意思地笑了,"我是为了看他家的小人书和连环画。"

"他的目的或许也是这样呢,只不过是记者没采访到或者是报上没写而已。"我也笑道。

"不会吧。英雄的境界怎么会和我一样呢?"同事狐疑着,表示反对。

我没有说话。也许有些新闻报道总是这样,所谓的坏人就无恶不作,所谓的好人就生来向佛。也有太多的人默许和习惯了这样一条心照不宣的游戏规则:只接受奇迹的结果,不穷究平凡的原因。因为,那奇迹几乎代表着我们的理想。而那原因,少则让我们失落,多则让我们绝望。——而我,却是这样一个不遵守规则的喜欢穷究的乏味的人。所以,说实话,我一直不太相信有什么完全纯粹的英雄。英雄在被命名为英雄之前,他应该首先脱胚于一个普通的人。他也世俗,他也自私,他也要柴米油盐,他也有七情六欲。他也珍重生命,他也惧怕死亡。甚至,在特定的条件和环境下,他也会为了职位和薪水去勾心斗角,争权夺利。——为什么不呢?正如麦粒外面包裹着糠皮。麦粒是饱满的,糠皮是轻浮的。然而,再饱满的麦粒在归仓之前都需要糠皮保护和包装。从一出生起,它就必须和糠皮亲密无间地依偎在一起,难舍难分。

那么,英雄为什么还会成为英雄呢?我比较相信的理由,是英雄个体生命中错综复杂的一刹那。那一刹那,有客观的逼迫:斗也是死,不斗也是死,不如一斗。有职业道德的熏陶:是战士,是警察,退缩就意味着终生的耻辱。也有天性驱使下正义唤起的对弱者的自然同情和对霸者的本能愤怒。——但是,更重要的,也许是他灵魂里最本质力量的一道炽热闪光。在这一瞬间,他便忘掉了一切,跃身而起,把层层的红尘抖尽,让自己所有平凡的基因,在顷刻间于耀眼的光环里朦胧和美化。

于是,这一瞬间,他成了神。他用自己的行为生动地阐释了神对世界的恩泽和拯救。

上帝不愧是万能的智者。他为我们创造了风。你见过农村夏季的扬场吗?在炎日下,在大风中,农人的木锹将裹着糠皮的麦粒迎风撒起——于是,在一瞬间,糠皮褪到了另一侧,被人们和麦粒抛弃。而麦粒,这芳香而沉实的麦粒则光洁地进入了人们宽厚的手掌里,成为我们宝石般的粮食。

因这风,我敬畏上帝。

因这风,我敬畏英雄。

缆车里有一双高举的手

"缆车上升的速度极为缓慢,一步步向终点站靠拢。眼看缆车就要靠近平台,司机做开门准备工作,正要招呼大家准备依次下车,上面接车的工作人员也开始着手接车,打开平台护栏铁栅门。就在这一瞬间,缆车却突然掉头下滑。工作人员见状大吃一惊,立即猛按上行键,但已失灵,紧急制动也无济于事……当缆车下滑了30米之后,速度陡然加快,随着'嘭'的一声震耳欲聋的巨响,数秒钟内,这个满载36人的庞然大物轰然坠入110多米的深谷……缆车坠地的一刹那,一位父亲眼疾手快,将自己的儿子举过头顶骑在自己的脖子上,双手牢牢抓紧。结果孩子只受了点轻伤,而这位伟大的父亲,却在缆车坠地后十余分钟就永远地合上了双眼……"

这是1999年10月20日《经济日报》上的一则报道。

读后,我默默无声。

许多同事也都读了。读后,边感慨边议论起来:怎么可能呢?那么小的缆车,那么拥挤的人,而且还处于急速下滑的不平衡状态,在那样白驹过隙的一刻,在那样惊心动魄的一刻,怎么可能把孩子举过头顶且牢牢抓紧?

怎么可能呢?人们一遍又一遍地质疑。

真是奇迹啊!人们一遍又一遍地赞叹。

我环视了一下周围,发现质疑和赞叹的都是还没有结婚或者是婚后还没有孩子的人。那些为人父母的,则都如我一样默默无声。

说什么好呢?又有什么必要说呢?

我忽然想起我曾经听说过的另一件事情。一位厨师在煎鱼时偶然发现油锅里有一些鱼总是竭尽全力地弓起身子。厨师很纳闷，特意把鱼解剖开，这才发现，鱼肚子里藏有小鱼。

那位厨师从此不再煎鱼。"我是两个孩子的父亲。"他如是说。

鱼不会说话，不会表白，是最平凡不过的鱼。厨师整日里烟熏火燎，油盐酱醋，是最平凡不过的厨师。但是，他们同样也担得起记者对缆车里的父亲所用的那个修饰词：伟大。——面对他们的孩子。

难道他们不伟大吗？

鱼在水草中自由自在遨游的时候，在抗拒不了诱惑吞吃美饵的时候，厨师在和菜贩子讨价还价的时候，在为评职称愤愤不平的时候，缆车里那位不知名的男子在分年货跟人吵架的时候，在因为醉酒胡吹瞎侃的时候，甚至是在公共汽车上偶尔逃票的时候……他们都是最卑微的生命。这种卑微的状态很可能占据了他们外在表现的绝大部分，使他们看起来像是一粒粒空气里的灰尘。

然而，我们就能够因此去否认他们在孩子面前所释放出的最强烈的爱的光华吗？

绝不能。

这种光华，就像空气中珍贵的氧气。平日里，他们就无声无息地混搅在灰尘中，常常会显得那么平面，那么单调，甚至是那么乏味。但是，当他们爆发出来的时候，却有着任何情感都比拟不了的丰盈、芬芳和醇厚。正是这种光华，成就了他们的灵魂，让他们拥有了一种最自然最熨帖最真实的伟大。

每一位父母都会拥有这种潜在的伟大。不谦虚地说，也包括我。但是，我并不渴望这样的伟大。因为，这是用死亡映衬出来的绚丽。当然，如果真有那么一天，我也绝对不会逃避。我会用我全部的绚丽为孩子织出属于他的深情锦缎。

让我努力而不被你记

让我受苦而不被你睹

只知斟酒，不知饮酒

只知制饼，不知留饼

倒出生命来使你得幸福

不知从何时起，我的脑海里深深地刻上了这一段话。我相信，这段话可以为缆车里那位父亲高举的双手以及任何一位父母的心作出一种精湛的诠释。

雪崩还在继续

他们夫妻两个都是我的朋友。所以,他们离婚,我没有更多的话好说。该劝的都劝了,该哄的都哄了,该威胁的也都威胁了,他们一定要离,也只有这样。缘分如水,来者来,去者去,逝者如斯。

最让我不安的是他们的孩子。一个七岁的小女孩,鬼精鬼精,刚刚上小学一年级,被判给了女方,因为男方的家离学校近,所以暂且跟着男方。我开始还怀抱着一丝光明,经常去看她,旁敲侧击地给她做工作,希望把她拧成一根红丝带。想想看,如果她能够充当父母第二次握手的月老,那岂不也算是一段佳话?没想到,去的次数越多越失望。从她小口中传出的,几乎全是父母的不是。

"爸爸根本就不关心妈妈,有时间就去外面打牌,深更半夜不回家,哪像个爸爸呀。"

"妈妈自己也够疯的,整天出差,出什么差呀,就不能让别人去?她心里有这个家吗?"

"爸爸陪我练过几次琴?一次都没有。我长多高他都不知道。"

"妈妈会做几个菜?她知道我现在吃什么长个儿吗?"

…………

全都是大人话。听了几次,我明白了,父母把她当成了中转站。他们希望通过这个中转站,不仅互相攻击对方,还想在互相攻击对方的基础上,树立起自己崭新而美好的形象。

孩子可怜。因为父母愚蠢。他们的愚蠢让我为他们羞愧。他们难道就不明白,两个人掰扯打架就不会有人衣衫整齐,两个人对吐唾沫就不会有人脸盘干净,两个人互相倒垃圾就不会有人喷香?况且,不止他们两个。他们撕拽、糊粘、熏臭的,还有水晶一般的孩子。

1916年,第一次世界大战期间,意大利和奥地利为了争夺战略要地阿尔卑斯山脉的杜鲁米达山,各陈兵十万对峙,准备决战。附近山顶的陡坡上堆满了厚厚的积雪,一经触发就会发生大雪崩。双方正僵持着,忽然,意军指挥官灵机一动,命令炮兵猛轰雪峰,想用雪崩击败对手。此时,奥军与意军不谋而合,也把炮口对准了雪峰。在双方空前绝后的合作中,一场巨大的雪崩爆发了。这场雪崩持续了48个小时,双方共死亡一万八千人,成为战争史上的一大悲剧。

伤人,亦是自伤。只要是伤害,就从来没有纯粹的胜者。战争如此,陌生人如此,朋友如此,同事如此,夫妻亦如此。——只要是人与人之间,心灵与心灵之间,都是如此。

都是些老道理。我也知道不新鲜。听的人都听烦了,可讲的人还得讲。因为各种各样的雪崩还在继续,让这些长满皱纹的老道理不能休息,充满勃勃生机。

每一朵乌云都镶有银边

那是一个星期天的下午,我和一个朋友骑车到郊外游玩,回来的路上,忽然觉得天色猛然暗了起来。抬起头,天上已经蓄满了乌云。那些大朵大朵的乌云,如盛开的黑润润的棉桃,绽放得那样自由、肆意。又如一个巨人在以天为纸,泼墨作画。他显然是一位技艺超群的国画大师,把整张的天纸都挥洒得酣畅淋漓,气势如虹。

看样子是要下雨了,我们没有带伞。我似乎听见远处传来了隐隐的雷声,但是我没有加速。

"还不快跑?"朋友说。

"快跑做什么?"我给朋友讲了那个著名的典故。一个无伞的人在大雨中飞跑,看见另一个无伞的人却走得十分从容,便问他为什么不快点。那人反问他,跑那么快干什么,难道前面不还是雨吗?

"歪理。"朋友笑道,"快些跑至少挨淋的可能性会小一些。"

"能在野外享受一下大自然的沐浴,这样的机会也不错啊。"

我们斗着嘴,保持着原来的车速。真的,如果一定要和这场雨碰上,那就让我们表现得更优雅一些吧。我承认,在很多时候,我就是这样一个对许多事情都淡然相对的人。与其说是坚强,有时不如说是消极。

走着走着,一瞬间,我忽然觉得天空又异样起来。我们一起抬起头,不由得发出了轻轻的呼声。原来,太阳又出现了,在阳光的照耀中,每一朵乌云都被镶上了亮闪闪的银边。它们焕发着奇异的光辉,这种光辉均匀而灿烂。在这种光辉里,每一朵怒气冲冲的乌云,都变成了乖巧听话的孩子。

真是美极了。

我们停下车，久久地看着这些被镶了边的乌云。我被深深地震惊了。以前，我从没有注意过这样的景象。有乌云，就会下雨。太阳出来，云就散了。这是多么顺理成章的事情。我从没有想到，太阳和乌云可以这样并存，而且，每一朵乌云都可以被太阳镶上美丽绝伦的银边。

满天的乌云是有力量的。比它更有力量的，是阳光的手臂。

我忽然想：也许，无论面对多么绝望的境遇，我们都不应当放弃用最大的努力去坚持。因为，乌云遮天也不一定意味着瓢泼大雨。也许，无论面对多么异己的事情，我们都不可以用个人的成见去排斥，就像，连阳光也没有拒绝乌云。也许，无论面对多么可悲、可恶和可恨的人——甚至是我们的敌人，我们都不能够只是远距离地观望、叹息和评论，而是应该给予他最真切的友爱、最诚挚的理解和最博大的宽容，正如那些拥抱着乌云的阳光。

那天，在那些镶了银边的乌云下，我想了很多很多，全都关于心灵。

生命的递减

那天,在一个记者朋友那里,看到了她采访一位"失足女"的笔录。

问:你第一次是在什么时候?
答:那一年我十八岁,在一个饭店打工。一天晚上,被老板欺负了。他给了我一千块钱,我想,反正事情也发生了,就把钱要了。后来,我就和他常做那种事,每次他都给我钱。
问:你没想到要告他吗?
答:告有什么用?再告我也不是黄花女子了,况且,要是告了,不仅名声坏了,而且连一分钱也拿不到。
问:后来呢?
答:后来我离开了那个饭店到别处去打工,就有别的男人找我,我想,跟一个人和跟两个人、三个人没什么区别,也就做了。
问:再后来,你就主动去拉客了?
答:反正我已经是这条道上的人了,主动不主动又有什么差别?不过是主动挣的钱多罢了。那我为什么不主动呢?

看着这几句简单的对话,我久久没有做声。朋友问我在想什么,我说:"我觉得她一直在按照一条很奇怪的逻辑去做事。这条逻辑就是,不论到了多么糟糕的情境里,她都能很快地让自己的心理状态与这种情境相妥协,相融合,然后让自己心安理得地生活下去。"

"不是生活下去,是堕落下去。"朋友说,"她的逻辑有个实质,就是做减法。比如说,生命原本都是十分,别人给她减去了一分,她就赶快让自己去等于九,而不是想着怎么去把这一分用别的方式加回来。"

我们都笑了。她的比喻很贴切,这个逻辑确实是减法。我忽然想,在生活中,喜欢做这种减法的人似乎并不少:婚姻不美满就凑合着,反正已经结婚了,再换别人也不一定好;和恋人分了手,即使余情未了也不再开口,反正已经吹了,再去磨缠也没什么意思;买了假货懒得去理论,反正也买了,又没花几个钱,别呕了气还白搭工夫;自行车丢了不去报案,反正也是丢了,也不是什么大物件,警察那么忙,报了案也难查出来……碰到了小事,说"大人不计小人过",碰到了大事,说"退一步海阔天空"。就这样一步步地苟且着,忍让着,自以为是一种美德,却在放纵了他人劣性的同时也把自己逼到了一条越来越窄的路上。

当时那个老板欺负了你之后,你想过会落到今天这个地步吗?

当时我就是想着自认倒霉算了,怎么会想到今天?

这是笔录上的另两句对话。

是的,她想不到会有今天。她想的是只做一次减法,没想到这却是一道连减题。在丢弃了一个之后,随之丢弃的就是一串。宛若一道堤坝崩溃之后,被淹没的绝不仅仅只是堤坝本身,还有两岸的万顷良田和千户村庄。

心灵需要原谅,但这绝不意味着可以无原则地去让激情畏缩。心灵需要宽容,但这绝不意味着可以在任何情况下都放弃争取。真正的淡泊固然可以让生命致远,但是愚蠢的连减却会让生命为零,甚至为赤字。

也因此,和善于连减的精明人相比,有时候,我衷心钦佩那些爱钻牛角尖的倔强的傻瓜。

因 为 智 慧

邻居家的孩子在公安局做刑侦工作,于是每发奇案,其母——我称之为张姨,必到我家绘声绘色现场演绎《今日说法》,我们便跟着一道拍案惊奇。近日我们洗耳聆听的是一起新破获的强奸案。罪犯先后强奸了两个女人,女人甲反抗,受伤,然后被强奸,几乎丧命。女人乙智斗失败,被强奸,但毫发无损,被强奸时还细心记住了歹徒特征并留下了记号,为案件顺利破获埋下了重要线索。

"受伤了的那个倒还好些。没受伤的那个日子就难过。"讲述完毕,张姨感叹。

"为什么?"我心想该反过来才是。要说心理上的伤害是都受了的,彼此彼此。那么身体上受伤越大吃的亏不就越大吗?何况乙还算有功之臣。

"没受伤就是顺从了呗。"张姨笑,"一顺从就不好说了,也说不清。反正是难听。"

想想,也是。肯定难听。"有手有脚的就任由他了?没点儿血性。"这算仁慈的。"指不定还挺配合呢。""乐在其中。""还有脸报案?河上又没盖子,怎么不去跳?"——这些尖刻的话,都是可以想象的。

"不顺从怎么办?一定要受伤吗?"我问。

大家笑笑,沉默。沉默中的答案是显而易见的。我顿时气结,却也不好再说什么。当然,我有自己的答案。后来寻思,为什么我没有再接着亮明自己的答案?

——因为羞耻。

我的答案,在他们的答案面前,似乎是羞耻的。

我羞耻于自己的羞耻。为什么要羞耻?有必要羞耻吗?

碰上这种事,女人无非有四种结局。一、既战胜了罪犯,又保护了自己。这种女人是智慧和勇敢的。二、战胜了罪犯,但没有保护自己。这种女人是勇敢和不幸的。三、没有战胜罪犯,但是保护了自己。这种女人,是智慧和不幸的。四、既没有战胜罪犯,也没有保护自己。这种女人,只是不幸的。

第四种谁也不想,第一种谁都想。我当然也想成为第一种女人,但第一种女人不是那么容易就做得了的,需要天时地利人和无一不可才行。那么剩下的两种可能里,我要选择的,就是第三种。原因很简单,做第二种女人很有可能因为一时的勇敢而死去。若是为此死去,我不甘心。因为这种勇敢要付出的代价,很可能是再也没有机会勇敢。我会把用力气硬扛的勇敢转化为适时而斗、斗胜自好斗败则忍的智慧。这种智慧的最底线便是至少能保住性命。这就够了。——从某种意义上讲,我甚至觉得,这才是真正的勇敢。因为真正的勇敢是该有理性来打地基的。没有理性,勇敢更像是无头之箭。面对灾难,我一向视生命本身为最大底牌。只要生命被完整保护,就等于将不幸降到了最低值。不幸固然不幸,但青山犹存便使我们不至于全军覆没,不幸到底。将来如果真是被无聊之言长久骚扰,大不了背井离乡,再造江湖。

或许有人会说这是苟且。我承认。不过再想,韩信胯下受辱,勾践卧薪尝胆,不都是男人的苟且?为什么这些苟且都可以被原谅,被宽容,甚至被传为佳话,女人的苟且就必得被严惩不贷?难道与男人在事业上的长远谋略相比,女人对自己生命的紧急保全,就必得被评判为轻浮和懦弱?

我不信。我信的,是"留得青山在,不怕没柴烧"这种最本质最朴素也最诚实的智慧。我知道,所有智慧的女人,都会这样舍小取大。我也知道,所有智慧的人,都会理解这种舍小取大。

语短情长

一天,偶然翻看一个记事本,突然发现了几则不知道什么时候自己顺手记下的关于路的谚语,细细读来,觉得别有情趣。

第一则是"上坡仰脸,下坡低头"。从一个层面上讲,这自然是在形容人得势与失势时世俗的骄傲和谦卑,但是,从另一个层面上讲,也自有意韵。上坡时的仰脸凝聚的是奋发向上的斗志,是高瞻远瞩的展望,是对前途的激情与渴盼,也代表着无穷的憧憬和拼搏的信念。而下坡时的低头则是为了不被草环和土石绊倒,免去不必要的麻烦和障碍,是一种稳重、沉静、谨慎和收敛。这两种态度似乎是有些矛盾的,其实并不见得。因为上坡的人在仰脸时恰恰极容易摔跤,而下坡的人常常依靠警惕而获得了上坡的机会。也许,最完美的做法是,在上坡时低下另一只眼睛去看脚下,在下坡时抬起另一只眼睛去注视未来。不过,在这个世界上,完美的人有几个呢?

第二则是"大路不走成草窝,老坐不动变罗锅"。虽然有些粗俗,却言简意赅,生动无比,明明白白地指出了努力与成功的关系。勤奋者能够从绝路中走出生路,而懈怠者却会把大路走成绝路。所有的优势都有可能变成劣势,所有的劣势也都有可能变成优势,路的宽窄与明暗,与其说在机遇,不如说是在于机遇承受的主体——人。

第三则是"没铃没闸,到哪儿是哪儿"。有放任自流的无奈——因为没铃没闸,只能到哪儿是哪儿;也有纵横天地的潇洒——因为没铃没闸,干脆到哪儿是哪儿!在无所顾忌的狂放中,又饱含了听天由命的成分。但是,再细寻思,一辆车也许可以没铃没闸,一个人真的就会没铃没闸吗?最灵验的铃和闸,其实就在自己的手心里握着啊。除非,你不愿意去使用它。

第四则是"不怕道艰难,就怕人心险"。所谓的"苛政猛于虎",在这里可以套用为"人心险于路",仿佛有一个澄澈的老者,缓缓地捻着须,以清凉理性的神态在教导着后来人。而在他沧桑风雨的容颜之中,犹自掩藏着一丝恐惧,淡淡的,也是深深的。

最后一则是"路长人志不短,志短者路不长"。上句是回顾性的,仿佛总结说所有成大事的人几乎都有着丰沛的动机和源泉。下句是预见性的,仿佛在说一个人无论眼下多么风光,如果没有长久的打算,都只可能是昙花一现。每逢想到这句话,我的眼前都会闪现出许许多多人的影子,当然,也看到了我自己。我不知道我的志算不算短,什么样的志才算长远,也不知道自己的路会不会长,又有谁的路会绵绵无尽。我只知道:我的心就是我的志,我的脚就是我的路,再长也长不过我这一个人,再短也短不过我这一个人,而我想做也能做的事情,就是把脚走正,把心走纯,这便是我的造化了。

说到底,路是人走的路,人是走路的人,人生就是一辈子的路,路也盛放和记录了所有走过的人。至于怎样去掌握走路的节奏,品味走路的内涵,饮咽走路的甘苦,拥有走路的得失,最关键的也许只在于一个人的品质和心灵。

为这样一个人落泪

在故事开始的时候,他是这个城市里地位最显赫的人——市长。他还经营着全市最大的干草谷物交易所,这使得他尊贵而且富有。一个偶然的机会,他结识了一个聪明能干的外乡人弗雷得,留他在交易所做事。市长脾气暴躁,性情专横,但是弗雷得显然很对他的胃口。他越来越欣赏这个年轻人。一天,他甚至神情忧郁地把自己最为难的秘密告诉了弗雷得:他多年以前的妻子苏珊带着他的女儿伊丽莎白来找他了。他曾经做过对不起她们母女的事,现在他想补偿她们。可是他又和另一名美丽女子正在热恋,并且已经发生了最亲密的关系,他也得对这个女子负责。在忏悔和爱情之间,他只能选择其一。而这个选择的实质无非就是,要去弥补过去的伤痛,就得去制造新的伤痛。要不制造新伤痛,就得加重过去的伤痛。

这样的难题让弗雷得也无话可说。市长最终选择了忏悔。碍于身份,他和苏珊假装素不相识,由别人牵线,他们见面,订婚,举行了隆重的婚礼。婚后他把伊丽莎白的名字改到了自己的姓下,决定一心一意地给她们幸福。生活平静了一段时间,波澜又陆续出现了:弗雷得和他在许多事务的看法上和处理方式上发生了越来越大的分歧,他们的争端越来越尖锐。他认为弗雷得是利用自己向他倾吐的秘密在变相地威胁自己,一怒之下,他将弗雷得赶出了交易所,弗雷得开始自立门户,做起了自己的干草谷物交易,并且进展还算顺利。但是市长此时已经把他视为眼中钉,处处与他为敌。他想把弗雷得彻底赶走,但都没有得逞。令他更为愤怒的是,弗雷得居然还和伊丽莎白相爱了。他蛮横地扼杀了他们的爱情。

苏珊病重而逝,给市长留了一封遗书,告诉他伊丽莎白不是他的孩子。他们的孩子早就死了,伊丽莎白是她和一个水手所生,那位水手海难而死之后,她们无处依托,才投奔他来。她请他向伊丽莎白保密,并且善待伊丽莎白。市长把遗书放了起来,没有告诉伊丽莎白,但是他也没有善待她。他对她的态度猛然间冷漠和粗暴起来,终于迫使伊丽莎白搬离了他的豪宅。伊丽莎白做了一位夫人的女伴,那位夫人就是被市长抛弃的情人。

弗雷得的生意越来越好,市长的生意却一落千丈。在一次大额的交易中,他一败涂地,输掉了全部的家产,市长的职位也因以前抛弃妻子的恶行被揭露而丢掉。——他当初抛弃妻子的原因,说起来是那样让人难以置信,仅仅是因为两个人发生了争吵,他便以五先令的价格把妻子卖给了一个陌生的男人!那张荣耀的椅子,他无颜再坐。他又去找他的情人,而情人正在和弗雷得热恋。他想用她以前写给他的情书逼迫她嫁给他,但是她没有屈服。她和弗雷得结婚了。他一无所有。此时,伊丽莎白又回到了他的身边,告诉他:"我是你的女儿,你还有我。"他看着那张纯洁的脸,默默无语。他没有勇气告诉她:"你不是我的女儿,我真的是什么都没有。"

伊丽莎白白手起家,也开始做干草谷物交易,他成了伊丽莎白的助手,两个人相依为命。一天,一个消息又刺激了他:弗雷得被选为市长。他拿着那些要命的情书去找弗雷得,并且一封一封地念给他听,但是,不知为什么,他还是没有念出最后的那个签名。他想羞辱弗雷得,却半途而废。最后,他决定把情书还给弗雷得夫人,却错把情书委托给了一个居心叵测的人,那个人公布了这个天大的新闻,弗雷得夫人遭到众人无情的嘲弄,在羞愤中自杀身亡。

恩怨两清,一切似乎都归于平静。可还是有奇迹传来:伊丽莎白的生父,那位水手,并没有死。水手来找他,想看看伊丽莎白。可是他怕自己再失去这唯一所爱,就对水手说伊丽莎白一年前已经死了。这个愚蠢的谎言很快被揭露,水手再一次回来寻找女儿。他知道自己无法再面对伊丽莎白,便悄然离去,临走前,他恳请伊丽莎白原谅,伊丽莎白一脸茫然。

伊丽莎白很快明白了真相。在她和弗雷得举行婚礼那天,他悄悄地送来了自己的祝福,但是被伊丽莎白痛斥。老人说:"对不起,我真不该来,我再也不会来了。我保证,这是最后一次。"

几天之后,伊丽莎白和弗雷得找到了他,他已经死了,死在山冈上一间破旧的小屋里。他在遗书中写道:"不要告诉伊丽莎白我死的消息,我不想让她再为我难过。不要让牧师为我祈祷,不要让人在我的墓上放上鲜花……"

这部影片的名字叫《卡斯特桥市长》。

我是看到最后落泪的。一边落泪我却一边在想:这样一个人,我在为这样一个人落泪,为什么?他为一次小小的口角就可以卖掉怀了孕的妻子,他因为个人的成见就去阻挠女儿的幸福,他用情书做武器去威胁昔日的情人,他用恶毒的死亡去打击水手千里迢迢前来寻亲的热望,他不止一次地用劣性去犯错,再用良知去改过,然后又犯错,又改过。这个过程的不断反复,印证了他似乎并没有获得什么真正的教训和长进。应该说,他是一个冥顽的人。他为什么还打动了我?当然,他也有善意,也有真情,也有挚爱,也有侠义,可他同时又是那么自私,那么虚伪,那么狭隘,那么丑陋,甚至还有一些卑鄙,他并不比一个罪犯更堕落,但是也并不比一个最普通的人更崇高。我为什么要为这样一个人落泪?

难道,就是因为他的普通吗?

我又回想着整个剧情,发现每个人都有自己不可原谅的错。苏珊对事实的怯懦,弗雷得夫人对弗雷得的隐瞒,弗雷得对爱情的易变,伊丽莎白对他致命的指责……哪个人没有自己的自私、虚伪、狭隘、丑陋和卑鄙?这个人的弱点固然更集中一些,那是因为他是这个剧的主角。如果把每个人都当成主角去拍一部戏,谁敢从内心深处说自己比他更崇高?

他似乎没资格让人去学习,但是似乎也无法让人对他进行批判。他似乎没资格让人对他尊敬,但是似乎也不能有人对他进行唾骂。当这样被典型化的时候,他像是一棵奇怪的树。但是回归到真实的尘世时,他却不过是旷野上一株淡淡的草。

《圣经》里有一则故事。有人请求耶稣主持惩罚一个犯了奸淫罪的妇人,按律这个妇人应当被用乱石砸死。听着那些人的叫嚷,耶稣却说:"你们里面哪个没有罪的,先向她投石吧。"

最终,没有一个人投石。

谁是无罪的人呢?只要是人。

写到这里,我明白了,在对象上,我的落泪并不只是为了这个人,而是为了太多的人,包括我自己。在理性上,我的落泪也不是因为神圣,而是因为卑微。而在情感上,我的落泪也与感动无关,而是源于一种深深的悲悯。

礼　　物

　　某天早上起得晚了,恰恰又有大领导出席的会,不能缺席和迟到。匆匆出门时,正是七点半,照例早高峰,只好打摩的。所谓的摩的,其实都是电动车而已。电动车长了个摩托车的样子。这是交通高峰时的利器,随时拐弯随时调头,和自行车一样自由,又比汽车快。每个十字路口都有。

　　一辆红摩的师傅一边刷手机,一边机警地抬头四处张望,精明强悍,一副招揽生意的样子。看见我走近,便上下打量着我,眼睛里仿佛有杆秤。

　　"去哪里?"

　　"大河锦江。"

　　"哪里?"周边几个沉默的摩的师傅突然一起问,吓了我一跳。

　　我重复了一下大河锦江。这家酒店在郑州赫赫有名,他们没有理由不知道啊。

　　"说路。"红摩的师傅说。

　　我便说了路。他迅速地报了价:十五块。

　　"你这可是比打车还贵呢。"我说,"去年我也曾打过一次车,只要十块的。"

　　"可是不会堵车呀。"他说,"要是打车,你一个小时也到不了。我保证二十分钟把你送到。"

　　"不能少?"

　　"不能。"

　　我走开,他也没叫,应该是觉得我会回来吧,还觉得我不会走到下个路口去找另一帮摩的——在这个路口,我不好叫别人的。这个路口的几个人应该是个小团队,有他们的潜规则。这个人报了价,那个人不会去降价抢生意,我懂得。

钱不是问题,可我就是不喜欢他的眼神,那眼神就是一副把我算准了的样子。

较上了劲,我就往前走,走到另一个路口,也有几辆摩的,其中一个蓝外套的师傅正在看街景,脸上微微挂着笑,打着口哨。

我和他搭话,说大河锦江,他居然也不知道。周边他的同事们也都不知道。他们也异口同声地要求我说路名。一瞬间,我突然明白了,自己习以为常的酒店、商场和单位名字,对他们来说都是陌生的。这些地方和他们的日常生活基本没有交集,所以毫无痕迹。而整天出入这些地方的人,又有几个人会坐他们的摩的呢?但出租车司机对这些地方都是耳熟能详。——在这些细节的毫末之处,每一种职业的阶层划分泾渭分明地体现了出来。

我报了路名,他说十块吧?商量的口气。我说好。便上了他的车,出发。

身穿西装短裙,骑坐不便,我便侧坐,这样又不好保持平衡,我便轻轻抱住他的腰。

"坐稳啊,姑娘。"他说。

我默默笑。都四十多岁了还被称为姑娘,真有点儿小甜蜜呢。

坐上了他的车,我便觉得和他是一伙儿的了。后面来了公交车,便提醒他。远远地看见交警,也提醒他。他说他也看见了。我们的车速放得很慢,他忖度着,观察着,趁着交警背转身不看我们这一边儿的时候,便加速过去。

"被揪住过吗?"

"常在河边走,哪能不湿鞋呢。不过你们客人不要紧的,我是车主,有事也是我的事。要是被揪住了,他们就会说让客人先走。"

"哦。"我无耻地略略放了心。

"也不会有什么大麻烦吧?"

"就是训一顿,晦气呗。其实他们就是看见了也一般没事,你看看咱们这路上,他们要忙的事有多少?顾不过来。睁只眼闭只眼就过去了。不过咱也得注意,他们也是为了咱好。安全第一呀。"

"是啊,安全第一。"

事实上他开得很稳当,小心翼翼。他从不进快车道,见到最小的坑也会绕开,路过公交站的时候,碰到公交车靠停,他从不在上下车的人群中穿过。这是一个规矩人。

很快到了这一路上最大的十字口,人车都如过江之鲫,交警和协警都忙得不亦乐乎。我们在队伍里默默地等着,远远地看着那十字口。我突然想起二十多岁时在乡下的日子,那时候怎么会想到将来有一天,在这城市过个十字口都得排长队呢?

"那个'70后'你往后一点儿!压线十厘米没啥用。'80后'你也往后!'60后'往里!还有这个小萝莉,小萝莉你很美丽,但是你不要往前挤!……"

这都是什么呀,我伸着脖子往前看。一个戴着墨镜的高个子交警正在指挥路口等待的人。人们看着他,都笑了。他居然敢如此称呼这些路人,应该是对自己的判断力和幽默感很自信吧。

我抬头看看天。天色润蓝,风很清爽。今天的空气质量应该是良吧。这样的早晨,让我觉得生活是美好的。

到酒店门口时,离会议开始还有十分钟,正正好。

我下车,把钱给他。

"谢谢。"他说。

"谢谢你。"又觉得该再说点儿什么,便又说,"你开得特别好。"

"是吧?反正很安全。"他说。一点儿也不谦虚,甚至有点儿得意。

"你是我坐过的摩的里面,开得最好的。"

"是吧?"他笑起来,十分开心的样子。

我笃定地点头,和他挥手告别。对于这个脸膛黧黑的中年男人,这句话,也许是这个早晨我能给予他的最微小但是最合适的礼物。

第二辑

煲　汤

1

妈,小姨来了。

知道了。

哎哟喂,我的小帅哥,怎么又长个儿了?这才半个月没见你,就又蹿上这么一截子。你妈这饲养员当的,真见功。

别摸我头。

就摸你头。有一米八了吧?

一米七九五。昨天体育课刚量过。

那就是一米八。

一米七九五。

好好好,一米七九五。来,亲一下。

小姨别闹。

就闹。小时候你没少闹我,现在我就得闹你。

小姨!

呵呵。这么多菜呀,姐你还忙活什么呢?

还有一道汤。

姐夫呢?又出差了?

今儿回来。本来说是能赶上晚饭,后来又说航班延误,刚刚发短信,飞机刚落地,还没到停机位呢。这会儿市里也正堵车,没俩钟头别指望到家。咱们先吃,不等他。

什么汤?真香。

板栗鸡汤。

没喝过你这道汤哦。

今儿也是第一次做,你凑着了。昨儿同事从信阳老家回来,带了些生板栗,我拿了一把。这板栗特别好,面甜面甜的。我想了想,也没什么好配的,干脆买了只母鸡,煲汤吧。你看这板栗,多饱满,多圆润,真是好食材。

咱有口福,这没办法呀。看这颜色,可以了呀。

远着呢。菜谱上说武火开了换文火炖,还得俩小时。这才一个小时。煲汤这事就是太费工夫。

好东西哪能不费工夫呢。啧,我看成了。

不成。

不管。反正我得先来一碗。

馋鬼!

2

儿子,今天菜不好吃?

好吃。

看你筷子慢得,没胃口似的。

嗯。

有事儿?

有点儿事。

说吧。

姐,先吃饭,让孩子饭后说。

他那脾气,不说就吃不下饭。

我说了,您可不要生气。

你就说吧。生不生气得先听听什么事。

说吧,没事儿,小姨在呢。不让你妈打你。

我的英语电子词典坏了。

坏了?

嗯。

怎么坏的？

摔的。

你和同学打架了？

没有。

那怎么摔的？你怎么不小心呢？

是我同学摔的。

你同学？他为什么摔你东西？

他也是不小心。妈你别生气。

不生气，只是心疼。两千多块呢，才用一个多月。

后来怎么样？你同学总得有个说法吧？

说赔。

怎么赔？

只摔坏了手触屏，键盘那里还能用。我跟同学商量好了，明天我去店里问问，看能不能修。能修的话他给赔维修费，不能修他就赔新机费。

哦。你们俩商量……他能做主吗？

能。

这不就解决了？妥妥地吃吧，小帅哥快吃这个虾。

这怎么算解决了？要是第一次修好了，可是好得不彻底，过两天又坏了，还得修，那这二次维修费他管不管？要是修了两三次最后还是不行，还得买新的，那这新机费他还管不管？

妈，你的意思是？

你妈的意思是，你同学会不会对这件事情负责到底。

对，我是这个意思。

既然修肯定就会修好，妈你怎么想那么多呢？

那可不一定。机器也像人，人被车撞了一下，虽然送到医院，做了手术，整治整治，出院了，看着好了，可是骨折啊，脊椎受伤啊，大脑出血啊，什么什么的，都会留下后遗症。这后遗症，有时候显得快，有时候一时半会儿显不出来，可总归是一定会落下的。所以,那撞人的肇事方,可不是光拿第一次的医药费就了事的。你同学的责任也是一样。

你这可就不讲理了啊。

我怎么不讲理了?是有这种可能性的呀。那依你的意思,要是修好后又坏了,我还得因为他的责任再给你买个新的,这钱花得冤不冤?

妈,你……

干脆说到底,我的意思就是别修了,你就告诉同学,店里说修不好,让他赔个新机费,这样最利落。摔坏的这个给他,多落一个也没什么意思,咱不沾这光。

嗯,我看你妈说得有道理。行不?

不行。

怎么不行?

我不明白,要是能修好,干吗还要人家买个新的?

要是修好后又坏了呢?你会让他买个新的吗?

……不会。我不好意思。

这不就结了?

可要是修好了不再坏呢?

……

宝贝,别犟,听小姨说,你妈是对的,这就叫一了百了。

这叫无赖!

不许这么说你妈!

我妈这就叫无赖!

……

唉,养了你十五年,换来这么一个光荣称号,我也真算有功。一个老无赖能养出一个不无赖的儿子吗?活该被这么骂。

姐,你去看看汤,我好像听见汤潽出来了。对了,再给我来一碗。有香菜香葱吧?给我放点儿。刚才那碗太急了,都没来得及好好品。还有,再给我单放一丁点儿盐哈,稍微有那么一点儿淡。

3

嘿,你小子脾气见长啊。

你说我妈无赖不?

我说你妈不无赖。

你是她妹妹,当然这么说。哼,没有原则。

说你对就是有原则了?凭什么你的原则就是原则?

……

宝贝,要是十年前,小姨也会像你这样想问题。可是,现在不会了。前两天,我不小心把同事的手机碰到了地上,屏幕摔了条很小的裂缝,其实还能很正常地使用,这个同事跟我关系还很好,可我就立马给他买了个新的,一个磕绊儿都没打。

为什么?

因为想一了百了,省得以后在这件事上有什么麻烦。

那会有什么麻烦?

先说修。这裂缝已经存在了,存在就是问题,就证明这手机有了瑕疵,这瑕疵还是我制造的。我肯定欠了他的。我当然可以给他修,修好了不犯毛病也没什么,可要是再犯了毛病呢?要是他正接打一个重要电话,这时候手机犯了毛病误了事,这责任算谁的?各种不好的可能性都存在,而这些各种可能性都和我的失误有关系,而要杜绝这些可能性,就需要一部新手机。

要是你给他修好了,他自己又弄坏了,这也能算到你头上?

当然能。首先,再坏的时候你不知道是不是人家弄坏的,在这种信息上你永远都很被动;其次,即使是人家弄坏的,人家多半也不会告诉你;再次,人家多半会说,这就是你上次摔坏留下的毛病。总之,只要不换新的,只要不让事情归到原位,你的责任就永远在那里放着,悬着你的心。

……

我大学同宿舍的一个女生,脸上有个疤,在右腮上,有硬币大小。那块疤是她五岁的时候落下的。那年冬天,她和邻居的小女孩在一起玩游戏,那个小女孩拿烧红的煤球夹子给她"烫头发",夹子很沉,那女孩没拿稳,摁到她脸上,把她烧伤了,当时就落下了疤。不过谁也没当回事儿,该玩还玩。后来,她越长越大,这个疤也越长越显,也就成了事,越来越大的事。女孩子爱美啊,整天对着自己那张脸,这可就要了命了。南京、北京、上海、广州,不知道跑了多少地方,都看不好,是永久性疤痕。她跟我们说,世界上她最恨的人,就是邻居那个女孩。

然后呢?

就找那家人呗,也没别的办法啊。那家也拿了不少钱,可这真是个无底洞。那家人搬了很多次家,也不成。我同学一看他们想躲,就更是不依不饶的。去年我们见面她还说要告他们,估计现在都上法庭了。

小姨,我这事跟你同学的事不一样吧?你真能侃。

表面不一样,本质一样。我的意思是说,有些问题看着很简单,其实很复杂。有些解决问题的方式看着很无情,其实很理智。

你的意思是说,你同学的邻居那时候把你同学烧死,比在她脸上烧个疤,要更理智吧?

臭小子!人命和你的电子词典怎么能比?

呵呵。

不过,这事倒是可以跟那些事比一下。那些撞了人的司机,第一下没把人撞死,只是撞伤,可是他们居然会故意再去撞人,直到把人撞死。那时候,他们脑子里想的就是那四个字:一了百了。因为他们太恐惧以后无穷无尽的麻烦。等你再长大些,你就会理解这样的恐惧。你会明白,如果你是他们,你也会有这样的恐惧。

……

这世界上,总是会有些人很善于碰瓷,很善于讹诈,很善于挖坑,所以表面的弱势不一定都是弱势,表面的强势也不一定都是强势……

小姨你说什么呢？不懂。

呵呵，小姨走神呢，发神经呢。好，还说你这事儿。你用你聪明智慧的小脑袋好好分析一下，刚才你说过，你不同意让人家直接拿新机费。要是修好后又坏了呢，你也不好意思让同学再拿新机费，是不是？也就是说，其实你只想让人家掏一回维修费。那么，要是修好后又坏了呢，你爸妈肯定得出钱再给你买一个，你家就会因为你同学的过失而遭受损失，对不对？

要是修好了呢？

当然就不用讨论这些了。这个很容易面对。——但是，要是修好后又坏了呢？你怎么就不愿意面对这个呢？

我看世界天堂，世界还我天堂。我看世界深渊，世界还我深渊。这件事，我就打算朝着天堂的境界去想。

唉，臭小子，这就是你。你的脑子就是一个天堂的脑子，我和你妈呢，就肯定会奔着深渊去。我们的想法是，连深渊的底儿我们都摸着了，这世上的事也就没什么更可怕的了。是不是？

小姨，其实，我也知道最坏的结果，无非就是再花两千多块买个新的呗。

你妈会生气的。

刚才我这天堂的脑子想好了，要真是那样，你就先把这笔钱借给我，我就对我妈说是同学出的。这钱等我工作后拿到第一个月工资就还你，还带利息。

……

这么看我干吗？不舍得？没钱？

喜欢你呗，看不够。行，就这么办。小姨我有的是钱，都嗷嗷叫着想赚我外甥的利息呢。

呵呵。

你妈干吗呢？我等着喝汤呢。还非得我自己去端不成？

4

你可真行。
都听见了？
嗯。你这哄孩子的功夫可退步喽。
不是我军太无能,而是敌军太狡猾。臭小子越来越长本事,管不了了。
真管不了了。
不过也好,看咱孩子,心眼儿多纯正。
这才让人担心呢。
也让人放心。心眼儿不纯正的孩子就不让你担心了？得担另外的心。
也是。

5

靓汤来了！帅哥,接你的这碗。烫死我了！
谢谢小姨。
谢我多余,该谢你妈。她最辛苦。
谢谢妈。
一个无赖妈妈,有什么好谢的。
妈,我刚才是开玩笑的,你别生气。
无赖怎么会生气？
妈！
行了行了,知道了。快吃饭吧。
妈,我想好了。我就先修,修好了让我同学赔修理费,要是修不好或者修好后又坏了,就让我同学赔新机费。行不？
嗯,就这吧。其实,妈也不是心疼那两千多块钱。妈就是想让你知道,很多事情得脑子转个弯儿去想。

嗯。

人心跟人心不一样。

嗯。

咱不伤害别人,但也得知道保护好自己。

妈,我都知道。

你才十五岁,且不知道呢。

我小学的时候,在教室里丢过两次公交卡。公交卡拿到充值中心那里能退成钱,偷公交卡就是偷钱,拿到钱就能泡网吧、买零食。我知道这肯定是班里同学干的。课间的时候我在班里找过,没找到,还告诉了老师,也没用。

我怎么不记得这事儿?真是老了。

我没对你说。我拿自己的零花钱又办了新的。后来公交卡不在书包里放了,总是放在随身口袋里,就没再丢。

这孩子!

这点儿小事,我不想让你操心生气。

我外甥真棒,真能沉得住气。

那时候我就觉得,作为一个贼,其实他挺可怜的。要是被发现呢,不用说,丢人败兴,挺惨的。没被发现的时候呢,他肯定也整天提心吊胆的,同时想着下次还会偷,然后一直偷下去,一辈子当个小偷,绝不会有出息。这么想着,就觉得这样的人压根儿就不值得浪费我更多工夫。

啧啧,看看我的大外甥……

妈,我知道这世界上有坏人,可我还是愿意相信好人更多。这样想,日子才过得更有意思……妈!

嗯?

你怎么了?我说得不对吗?

你说得很对。我手机在厨房里,好像响了……宝贝,你很对。

是我爸?

嗯,他肯定快到家了。

6

怎么了？你今天脸色怪怪的。
刚刚在饭桌上和儿子拌了一场嘴。
哦？我听听。
…………
呵呵,孩子长大了。
是啊。
今天的汤煲得真好,挺费工夫的吧？
两个多小时呢。
很正常。好汤慢炖嘛。是吧？
是啊,好汤慢炖。

煮饺子千万不能破

1

九点钟,已经不能再吃晚饭了,可是看见那家饺子店的时候,她还是走了进去。小区东门这边她很少逛,要不是昨天同事送她的时候路过这里,她还不知道这里有一家饺子店呢。

饺子店的名字有些怪,就叫"饺子店",除此之外什么定语都没有,连个最庸常的"美味""九里香"什么的都没有。乍一看很朴素很老实,简直是朴素老实到了极点,再往深里一琢磨,这朴素其实很自满很骄傲,简直也是自满骄傲到了极点。

她走进店里。店面不大,也就是二十平方米的样子,摆着几副木质桌椅,都是最一般的长方形四人台。小店深处是凉菜柜,柜后面的墙上嵌着一道门和一个长方形的出餐口。整个小店就这么多东西——哦,左右墙上都贴着偌大的菜单,全都是饺子的种类,一瞬间她就看花了眼,真多呀。不过饺子店的菜单她一向都喜欢看,虽然吃不了几样,但看看也能让她心满意足。猪肉大葱、猪肉韭菜、猪肉酸菜、猪肉茴香、猪肉扁豆、猪肉西葫芦、猪肉茄子、猪肉青椒、猪肉黄瓜、猪肉蕨菜……猪肉真是无所不配啊。仿佛只要是菜,就可配上猪肉做成馅。羊肉和牛肉因为个性的关系,不如猪肉配得那么多,却也别有意趣。她曾做过羊肉尖椒馅和牛肉芹菜馅,都十分可口。素馅一般以鸡蛋为主,和猪肉一样,它也有着百搭众菜的胸怀。偶有不以鸡蛋为主的,也很令她喜欢,如豆皮韭菜、黄豆芽粉条,还有素三鲜——只要有虾仁或者虾皮,任几样素菜都可以凑成这么个素三鲜。走南闯北这么多年,她还见识过胎盘馅、奶酪馅、大蒜馅、西红柿馅、土豆馅、山楂馅、苹果馅、白糖馅、红糖馅、泡菜馅……对了,还有头发丝馅、指甲屑馅、钢丝球馅……

"选好了没有,吃啥呢?"凉菜台后面的老头儿问。他头发花白,戴着一副眼镜。

"再看看。"

"都好吃。"

她笑。这口气,还真是的。

"快打烊了吧?"

"只要有客,就不打烊。"老头儿说,"生意做的就是客,客来了打啥烊呢。"

话到这个份儿上,她知道这饺子是非吃不可了。

"一份荠菜猪肉。"其实一份饺子半斤,三十个。她吃不了,可是要半份呢,又有些说不出口。唉,管他呢,大不了打个包呗。

"好嘞。"老头儿接住她的声音,朝着出餐口喊了一声。里面有人应着,送出一碗热气腾腾的东西。老头儿给她端了过来,是饺子汤。

"原汤化原食。"

"原食还没来呢。"她笑。

"不懂了吧? 光知道原汤化原食,没听过原汤垫原食吧? 先垫一下,吃完了再用汤化一下,胃就更得劲。"

饺子汤是微微的淡白色,还隐隐带着点儿鲜黄,却又不浑浊,反而非常悦目。她呷了一口,就知道了这汤的地道:清爽却不单薄,应该是经常换的,绝不是一锅煮到底的那种,面味儿的尾部还缠绕着一丝丝醇正的甜味儿。"头锅饺子二锅面",这头锅的好处,绝不单单是说这饺子,也还说着这饺子汤。

就着这汤,一句两句的,两个人的话多了起来。

2

说到饺子,就我见识的这些人里,我算是个行家。要说饺子馅的配菜,是什么都行的。不过人人的心头好儿都不一样,终究得看个人口味。活了这么一大把年纪——六十二岁,我今年六十二岁——要我说,活了这么一大把年纪,最好的配菜就是两样。一样是荠菜——你真是会吃的食客呀。春天的荠菜,那个嫩,那个鲜,什么都不能比。年轻的时候,我经常去野地里采——对,得是野长的荠菜才好吃。现在都是大棚的了,没意思。唉,其实也不是一点儿没意思,就是意思少了。今年春天我就买了十斤,只是味道不如野生的。也不是心理作用,吃是能吃出来的,我这么一张刁钻的老嘴,整天吃,怎么能吃不出来?野生的东西,那个鲜劲儿劲道,蛮横,不讲理,天地雨露滋润过的东西,还是不一样。大棚里的荠菜,那种鲜劲儿就是两个字:规矩。你说,规规矩矩的东西,可不是意思少了?

还有一样是萝卜,白萝卜。秋冬时候,白萝卜下来,就该吃萝卜馅的了。萝卜是地里埋着长的东西,这东西也有意思。我喜欢萝卜。生萝卜也喜欢吃,熟萝卜也喜欢吃。炒萝卜丝、腌萝卜条、煨汤炖萝卜块,这些个都好吃。萝卜这个东西,就是菜里的弥勒佛,不仅自个儿鲜,还吃味儿,能容。不怕你笑,每次焯萝卜的萝卜水,我都要喝掉。那个味儿,鲜辣鲜辣的,好像长着毛茸茸热乎乎的小刺儿,刷着你的舌头、喉管……

打小我就见家里人做萝卜馅饺子,都是把萝卜用萝卜挫挫成丝儿,再搁开水里焯,焯得差不多了就捞出来,再把萝卜丝用白布或者毛巾包好,放在案板上拧干——我经常放在搓衣板上拧,因为搓衣板的棱角可以最大限度地把水分硌出来。后来有了洗衣机,洗衣机不是能甩干吗?有人跟我说可以放在洗衣机里甩干,这倒是一个聪明法子,不过我不喜欢。这让我说啥好呢?打死我也不愿意这么干。洗衣机是干什么用的?怎么能用来甩萝卜?人懒得也太不讲究了。做吃的东西,还是要亲手去做,这才是心诚。做出来也才好吃。

肉呢,我跟你说,自家吃,可千万别买他们现成的肉馅,那都是最差的下脚料凑到一起的,那能吃吗?要是你懒得不行,那就买好了肉,亲眼看着让他们用绞肉机绞一下,要亲眼看着啊——反正我是从来不这么干。我就是亲手剁。要买前腿肉,嫩啊。后腿瘦肉多,可是太有劲儿了,也不好。猪走路可不是后腿用劲儿大吗?前腿好。没有前腿?那也别用后腿,就用五花肉。五花肉有肥有瘦的,也好。自己剁嫌累?那得找方法。你把肉放到冰箱里,稍微冻一下,千万别冻透了,就是冻得有点硬的时候,再拿出来剁。这时候的肉特别好剁,几下就成。剁的时候别剁得太碎,别剁成泥。要剁成小小的肉丁,这样口感最好了。费一次事,可以多剁点儿。然后用塑料袋分成小包,每次吃的时候拿出来一包。

说起来这馅,可真是千变万化,基本上什么都能配什么。最近我配了一道西葫芦羊肉馅,也很好吃。西葫芦可出水了……羊肉,羊肉可是个好东西。我知道可多人不爱做羊肉,和猪肉打交道多了,就熟悉了猪肉的脾性,越熟悉就越愿意做它,对羊肉牛肉就有些远,像个陌生的朋友,或者是个远房亲戚,生分。它们太各色,打发不好是很难吃的。可我不怵。我们老家对付羊肉,就是花椒水,不停地往肉里打花椒水……没有不好吃的肉。不是肉的问题,是人的问题。我们小时候,牛羊肉都比猪肉便宜,对,没错,猪肉金贵。那时候计划经济,牛羊肉都可以随便买,就猪肉得到副食品店,还得要票。所以我们小时候,没少吃牛羊肉。我妈特别会做,她是山东人,山东人对饺子特别讲究。我就受她影响。

三鲜馅的,我跟你讲,就用白菜心,对,一定要用白菜心,娃娃菜?是很嫩,当然也可以的,可是大白菜的白菜心稍微有一点点甜味儿,更好。自己在家吃用不了多少料。香菇呢,七八朵就行,不过得是鲜香菇。鸡腿菇、杏鲍菇也行,只要是鲜的都行。千万别用开水焯,一定要用生的。——最好还是用鲜香菇。我跟你说,香菇有一种闷闷的香味儿,闷闷的。有的香味可叫,可闹,咋咋呼呼的,可是香菇它不出声儿,你把它吃到嘴里,它的香味才一点一点地渗出来。香水不是有前调后调什么的,香菇的香就是后调的香,后发制人的香。还要放干虾仁。原来我也放鲜虾仁,后来觉得干虾仁更好,它是晒干的,咸味重,口感也筋道。还有韭菜,得放韭菜。不过千万不能多,就那么一小把就行,有那么一点点的绿就够了。它是点睛的东西,是神来之笔。

咱还说萝卜吧。等到萝卜丝被拧得干干的,再也挤压不出一滴水了,配着剁好的肉和葱姜末,就可以开始调馅了……我跟你说,十年前,我盘萝卜馅还用这个法子,现如今我又不这么做了。

哟,你的饺子来了——我这饺子怎么样?好吃是吧?

3

曾经,她觉得饺子是非常无聊的食物。不是吗?简直是太无聊了。和面老半天,盘馅老半天,包又是老半天……忙活了一大晌,分分钟就吃完了。而且,也不是多么好吃,无非就是用面皮包着馅,一个一个吃。与其这样,吃包子不是更省事?这不是闲得慌是什么?这不是闲极无聊是什么?每次看到母亲在厨房做饺子,她都想冷笑:到底是家庭妇女,且还是精神空虚的家庭妇女。

可怕的是,母亲不仅自己热衷做,还试图教她。对她说,饺子最能试出女孩子家的厨房本事。盘馅的用料,口味的咸淡,和面的软硬,包出来饺子是否匀称,是否饱满富态,还有最后收尾时是否"五净":手净、馅净、面净、盆净、围裙净,都考验着女孩子的心灵手巧……每当母亲说起这些,她都远远地走开了。要这方面的心灵手巧干什么?燕雀安知鸿鹄之志!

"饺子好吃吗?"后来母亲不再说"五净"之类,每次包的时候,也还是会问她。她是谁呀,当然知道母亲的逻辑,只要她答了好吃,母亲就一定会说:"就是为了自己吃,也得学一点儿,我又不能给你做一辈子。"

一定的。

可她也不能说母亲的饺子不好吃,是不是?

"老实说,我根本不爱吃饺子。"她终于找到了最恰当的答案。听听吧,我不爱吃,因为不好意思扫您的兴,才忍耐着吃了这么多年。心理劣势顿时有力地翻转成为优势。

"为啥?"如她预料,母亲很惊诧。

"不为啥。"她才不说那么多呢。

那天,母亲的脸色黯淡了许久。晚上,她听见父亲在厨房安慰母亲:"唉,咱那孩子你还不知道?多孝顺呀。还不是怕你累着?"

大一大二的时候,鸿鹄展翅飞翔,一点儿也不想家。到了大三,翅膀似乎有点儿累,开始觉得自己好像更像燕雀。那年冬至前夕,母亲打电话,叮嘱她一定要吃饺子:"冬至不吃扁,冻掉半个脸呢。"

她漫不经心地答应了。睡觉前的卧谈会,女孩子们叽叽喳喳说起来,都接到了家里人叮嘱吃饺子的电话,唯有一个没有。那个女孩子的母亲不久前去世了。黑暗中,那个女孩子呜咽起来。大家慌忙安慰她,直到很久才睡去。

第二天,她乖乖地在学校餐厅买了饺子。那么多人的大锅饭,饺子还有很多是学生志愿者去帮忙包的,不整不齐,粗枝大叶,别提有多难吃了。可她还是很认真地吃完了,给家里回了电话。

"好吃不?"

"好吃。"

"比家里的还好?"

"这是什么话?天跟地比呀。"

母亲在电话那边笑得响亮极了。如果拿饺子比,就像一个饱得不能再饱的饺子吧。

那年寒假回家,长长的春节里,她跟着母亲学做饺子。和面,调馅,擀皮,包……当然做得很不到位,而且等到暑假再回来时就忘光了,还得重学。可是母亲已经满足得不行了。她发现自己连最简单的煮饺子都不会。总是饺子一下锅就用大火煮,一锅饺子能煮烂半锅,没烂的那一半还都不熟。母亲不厌其烦地一遍遍演示:只要等饺子从锅底漂起来就把火调小,慢慢地煮。什么时候熟呢?用漏勺捞起一个,用手指的指肚子轻轻一打,皮儿软了,那饺子肯定就熟得正正好啦。

"好吃吗?"

"最好吃!"

后来她就学会了做饺子,也越来越爱吃饺子。她也开始享受做的过程。她尤其喜欢拌馅。很多人用筷子拌,她喜欢用手。卫生起见,她戴上薄塑料手套,一手按住料盆,一手就开始拌,拌啊,拌啊,拌啊,眼看着这么多东西就融合在了一起,用各自的香味儿组成了一个浩浩荡荡的香味大军,这个部队的香味是混合的,却并不杂乱。是个性的,组织到一起却也是那么和谐,如同一个最融洽的团体。不客气地说,它们仿佛天生就最适合搭伴儿在一起奉献给人吃。拌着拌着她就觉得,人有一双手真是好啊,人有一双明亮的眼睛真是好啊,人有一个灵敏的鼻子真是好啊,人有一个健康的肠胃真是好啊,可以好好地做,可以好好地看,可以好好地闻,可以好好地吃。没有什么比这一切好好的更好了,不是吗?

在外奔波的时候,只要有她点主食的机会,她就爱点饺子。当然只点手工的,绝不点速冻的。她无法认同速冻饺子,那种统一的过于香腻的味道,那种一闻便知的工业性:什么样的面适合速冻,什么样的馅在解冻之后还能有什么样的口感,什么样的包装最能引起食欲……一种美味,成了流水线上的商品,想想就有一种莫名的生冷。如果有些饭店没有饺子,那她就退而求其次,找些类似于饺子的东西,比如锅贴和馄饨,或者生煎包子,都可抵得过。

和母亲的联系里,也时不时地会说到饺子。几年前的一天,黄昏时分,她正在家里做晚饭,忽然电话响了,是母亲打来的。

"你赶快去超市买七种菜,做一顿素饺子。记住,菜一定要够七种,不能多也不能少。饺子也是每人吃七个,不能多也不能少!"母亲谆谆教诲,她诺诺应答。最后请教她老人家:"这是什么由头?"——她常常接到老人家这种突如其来的遥控指示,每次都有一些由头。

"先别说这个了,你赶快去买吧。我也得去寻菜了,回头再说!"

她不敢再啰嗦,放下电话就和面,和好了面,连忙奔向家门口的一个小超市,小超市的菜很有限,挑完了大白菜、小白菜、小芹菜、生菜、油麦菜、小香椿这六种,剩下一种怎么也找不到合适的。西葫芦有些硬。黄瓜呢,也不好切碎。土豆、莲菜这些也都挨不上饺子的边儿。最后看到香菜,才算解决了问题。兜着七种菜回到家,洗净,沥水,切碎,用小磨油、十三香和盐拌好,面也正好醒得合适。正准备去包,却觉得这馅深绿浅绿的一片,终还是太单了些。于是又炒了一个鸡蛋,用鸡蛋的金黄色将这一片绿色岔开,果然就悦目了许多。等到饺子包好入口,她已忙活了整整一个半小时。第二天把电话打给母亲,追问由头,母亲呵呵地笑着:"昨儿咱们这儿打雷了,正中午打的雷,青天白日打雷,不好。都说得按人口吃七个七叶饺才能免灾避祸。"

"究竟从哪儿传起的?"

"谁知道。反正是有人这么提了头儿。咱既然知道了,就得去去心病,是不是?"

4

现在做萝卜馅,我就不这么做了。我现在的法子更简单更好吃。那就是直接把萝卜擦丝,擦成特别细特别细的丝,稍微控一下水,就把肉拌进去。煮好的饺子里,你慢慢尝,那个萝卜丝儿半熟不熟的,有嚼劲,有韧劲,和肉味蒸腾到一起,别提多好了。

调馅?调馅特别要命。不,不,千万不能直接把肉和菜调到一起。要分开调。肉呢,要放生抽和老抽,生抽调鲜味,老抽调颜色。再放葱、姜、十三香、盐……调好之后,把肉腌半个小时,才能拌进菜里。菜肉的比例嘛,城市里精细些的吃法,是一比二、一比三。我家里吃的都是一比四。肉嘛,就是那么轻轻点一下,能让菜里进去肉味儿就可以了。要记住呀,肉是给菜锦上添花的。许多人都弄反了,把肉当成了锦,把菜当成了花,结果是菜少肉多。肉多了才香算什么本事?还是腻香,也不健康。菜多肉少的香就不一样,是清香,健康的香。——当然了,菜少肉多也不是不行,不过那是农村吃法,是不讲究的吃法。不讲究还说啥呢,是吧?肉菜汇合以后,再放香油。记住,香油不能先放。先放香油,容易把其他的味道糊住,其他味道就进不去了。

对,再说几句十三香。现在的十三香都有专门的饺子调料,有调荤馅的,有调素馅的,我告诉你,不管你调荤馅还是调素馅,最好都用十三香里的那个荤馅料。为啥?要是你调荤馅,这个料可以去腥。要是你调素馅,素味太单薄,加了这个料味道就能厚上一点儿。

面嘛,人是衣裳马是鞍,饺子就是馅和面。面当然是有讲究的,太有讲究了。是大讲究。放多少水,放多少面,和好面以后,让面醒多长时间,都得好好讲究讲究。我也是做了两年才做得像了个样子。这个不能细讲,你只能自家去做,总之做得多了也就懂了,功到自然成。到时候放多少水面是个什么样,醒多长时间面是个什么样,你心里都门儿清。不过有一点儿我告诉你,面不能太硬,太硬煮出来的皮儿也硬。咱还是应该吃软面饺子,对胃好。咱河南的面?那就是豫北的好。那里的面可真有劲儿!去年有朋友给了我一袋豫北面,要是你第一次见这面,你肯定会觉得这面有问题,你简直不敢相信,怎么还有这么好的面。那面,你擀面条的时候,简直就擀不开。你擀一下,它就弹回来了。你再擀,它再弹……那面好呀,每个饺子皮都得多擀五六下。一顿饺子吃下来,力气弱的人,肯定手腕都得疼呢。

馅和面的关系呢,自然是做得越多越有经验。我现在就能做到这个份儿上:面和馅搭着量,一点儿不多,一点儿也不少。听着挺神吧?兜底儿跟你说,其实哪儿有那么神呢,不过是看个人的眼力见儿罢了。你想,最初也不过是个大概齐,越包到后来,馅和面的量就越清楚。要是馅少呢,就少包点儿馅,要是面少呢,就多包点儿馅,到最后可不就正好了吗?

我这也是讲究得过于了。要说过日子,可不能这么讲究。是吧?这么讲究也成问题。就像我闺女,也养成了跟我一样的毛病,凡事总讲究个正好，一对一，俩对俩。好多年前，有一次，她几个朋友来家吃饭，她的朋友嘛，我不吱声，任她招待。她就这个弄一点儿，那个弄一点儿，弄了几个菜、一点儿饭，还煮了饺子，问人家每人几个，让人家报，报完了煮。最后呢，那点儿菜都没吃完，都剩了那么一点点。送走了客人，她收拾桌子，对我夸："看我今天做的，多么正好！多么科学！"

她那些朋友，再也没来家里吃过饭。最近，也就是去年吧，有个朋友又来我家，我下厨，她吃得饱不愣登的才说："你知道吗，那年在你家吃过饭，我们出门就另找饭店去了。没吃饱啊。不敢吃饱啊。作为客，总得剩点儿吧。"我闺女她这才明白。大家笑得不行不行的。

这事有意思吧？做得越少，越剩下。

对，我也反对剩下饭菜，吃吧不健康，不吃吧浪费。我也知道这不是为了省钱，不是因为小气。如今的日子，早就过了小气这一关了。可是事情还真不能这么论。自家人怎么做都成，要是招待客人，那就要多做，超量做，千万不能可丁可卯地做。一是客来了，客有客的心态，本来就扭捏，看你做得少，就更扭捏，不敢吃了。二是做客的人，到了主家，尝的是新吃食、新做法，总会多吃些。你做得多，他才能放开了量来吃，吃个痛快。三是做得多是主家的面子，吃得多是客家给主家面子，主家客家都有面子，多好啊。

好饺子品相？那就是薄皮大馅。薄皮不难，大馅也不难，难的是这两样都有。有一次，我去别人家吃饭，那家嫂子也包饺子，可是皮厚啊，一口咬不透！馅呢，就那么一点点，我就问："你们怎么放那么一点点馅？"那家嫂子说话也硬，说："你要是吃馅，那你去吃丸子呗。"

那家嫂子人是好人，做饭也实在，也使劲儿往好处做着，可是人这东西是讲灵性的，什么都讲灵性，做饭也得讲——做饭呢，其实尤其讲。你说人一辈子要吃多少饭？一天三顿，一个月三十天，一年三百多天，一年一千多顿饭……但凡有一点儿灵性，就能琢磨出自己的招式来。要是做了那么多年饭，还没有自己的一招半式，那就说不得了,只能认命吧。

要说命,也是奇怪。我老家村里有一个媳妇,最喜欢把馅放馊了再包饺子吃,她说那有一种自然酵酸的味道。听她这么说,我也有心一试。有一次我故意把饺子馅放馊吃了一次,还真有一种怪怪的酸香。不过相比之下,还是觉得不馊的好——就有人爱吃馊了馅的饺子,你说说这事!

剩饺子怎么办?那就做煎饺子呗。我也爱吃煎饺子。煎饺子和现煮的饺子,就是两个味儿。别用电饼铛,电饼铛煎饺子容易煎得变形。就用平底锅,热油把饺子放进去,等饺子焦了底儿,泛了黄花儿,再给饺子翻身儿。煎到差不多了,觉得饺子硬实了,就放点儿水。对,跟做水煎包差不多。然后,这煎饺子就又软又香啦。

自己做速冻饺子?也可以啊。不过得注意两点,一是饺子皮得厚,这样煮的时候才能不漏馅。二是包好了饺子,放到冰箱里冷冻以后,只能稍微那么冻一下,就得赶快放到塑料袋里。不能一直那么敞着冷冻,会把饺子冻裂的。你知道吗,冷冻箱可耗水分呢。还有,咱们的饺子用的面跟那些冷冻厂里的不一样,他们用的面都有这样那样的添加剂,咱们的没有,就不能像人家那样去冻。

说一千道一万,能不吃速冻就别吃,什么东西一速起来就不大好。真的。

还得说说面扑。面扑也是一件要紧事。你看我这饺子汤,白里是不是还带了点儿黄?我给它起了个好名儿,叫"雪里金",这金是啥?是玉米面儿。包饺子的时候,咱们用的面扑都是白面,是吧?其实玉米面做面扑更好!细黄的玉米面,包好的饺子在这种面上扑一扑,就更利落,更隔,更不黏案板。扑了这种面的饺子下了锅,饺子汤会带了点儿玉米粥的甜味儿,更好喝!——我跟你说,这种面我们豫西的最好。对,这就是今年秋天我回洛宁老家的时候带来的,好吧?

煮饺子?煮饺子就两点,一是得熟,二是不能破。千万不能破,就像人的精气神儿千万不能散。你说千山万水的,到了煮饺子的时候,饺子破了,漏了,馅儿进到了水里,饺子毁了,饺子汤也毁了,还吃个什么意思呢?可图个什么呢?

哟,吃完了?你胃口真不错,当然也是我家饺子好。再给你来碗热汤吧。对,对,来碗"雪里金"。得,我也来一碗吧。

5

"您为啥这么喜欢吃饺子呢?"她问。她总觉得这也是有由头的。

"这有啥可说的。饺子好吃呗!跟你说吧,我这个人呢,就是喜欢吃。吃喝玩乐嘛,吃就是活着的第一条,我就是要让自己好好吃,吃好吃的。有一次,我一个人在家待着,有老伙计打电话请我去外头吃饭,我一听那饭店,火锅什么的,我就没了胃口,我就说我在家自己做好了,他问我做啥?我说做饺子呗。他说一个人在家也包饺子?我说我爱吃饺子,跟一个人两个人在家有啥关系呀。"

两个人一起笑起来。

"这老伙计说的话也有道理。一般人家家常做饺子不多,做一次就觉得可琐碎,可隆重,太麻烦,轻易就不想开这个张。一家人都这样,何况一个人呢?以前我家也是。想吃个饺子就得跟老婆商量,跟闺女商量。商量来商量去我就有点儿赌气,我就不信自己做不成这个饺子,不信自己就是个好吃懒做的命——既好吃还懒做,那就只能指靠别人。不想指靠别人,就去超市买速冻。可是一买速冻,我就觉得委屈。我就想,这也能叫饺子?我怎么就得吃这个东西?我就埋怨自己,你活了这么大,一辈子啥事都做不成,还不能好吃好做,给自己做好饺子?于是我就开始发狠,天天做,天天做……啥事都搁不住天天做啊,要是天天做,肯定就成了一件容易的事。世界上的事,就是这么回事。"

她微微笑着,看着这可爱的老头。

"三年前我没了老伴儿,闺女在上海成的家,让我过去,我不去。闺女不放心,死劝活劝的,让我琢磨点儿事做。这不,我就开了这家饺子店,算是吃自己爱吃的,做自己爱做的。齐了。"老头喝了一口汤,"你咋也这么爱吃饺子呢?像你这个年纪的,爱吃饺子的不多。"

她顿了顿,开始讲母亲的事:"……她去年视网膜中央动脉出了毛病,眼睛就看不见了,我每次回家,她也还是想给我包饺子。我就和好面,调好馅,擀好皮,让她包。"她说着说着笑了起来,想起和母亲包饺子时的情形。母亲那么会做饺子,她和父亲不论谁在家,只要说声吃饺子吧,母亲就来劲儿了,开始做,可是一个人在家时,母亲就是对付,吃点儿剩饭剩菜,就打发过去了——她那一辈儿人活得,没自己。

母亲的眼睛看不见以后,她知道,这饺子依然得做,甚至更得做。所以每次回去看母亲,她一定张罗着要吃一顿饺子。她把什么都准备得妥妥当当,母亲就只负责包。她给母亲讲关于饺子的段子。说两个老外在中国过春节吃饺子,一个说:"我真傻,第一次吃饺子还剥皮了。"另一个说:"你还好,我第一次以为是吐核的。"她给母亲讲他们请新来的外教吃饭,主食点的是饺子。外教眼巴巴地看着他们怎么吃。一个男同学夹住一个饺子正往嘴里送,筷子一滑,把饺子掉在了啤酒杯里。那老外也急忙用勺子把饺子舀到酒杯中,然后再捞出来送到嘴里,把他们都笑坏了。这外教还很好学,问他们为啥要这么吃?一桌子人都不知道该怎么回答。她想起母亲的话,就说这叫"饺子就酒,越吃越有"。老外又问,这个有是指有啥?她回答,有好日子过呗……母亲笑得手都抖了起来,她笑着接过母亲手里的饺子,放到案板上。案板上哪里都是面,她身上也是。虽然学会做饺子也有小十年了,可她还是没办法达到"五净",总是弄得哪里都是面。好在母亲已经看不见了——再坏的事情也有那么一点点好处的。

"是啊,人好吃哪种东西,虽说是在东西,可也不在东西。说到底,在的是一个念想。"老头儿沉默了一会儿,长长地叹了口气。

她沉默着,静等他说下去。

"1960年,我10岁。到了年关,家里没吃的,啥都没有了。我妈让我去借粮,我就踩着雪去到县城里,到了我姨家,我姨给了一斤白面。真的,只有一斤。——小孩子没脸没皮的,去借粮食最好。大人们豁不出去。都缺吃的,去朝人家借,真是没办法张嘴呀。那是大年三十下午,下着大雪,我就把那一斤白面拎了回去。回到家就天黑了,我妈问我想吃啥,我说,想吃饺子。我妈站在那里,发了半天愣,才开始和面。没馅,我知道,可我看她在厨房里忙活,就知道她肯定会有办法弄到馅。在小孩子心里,妈妈总是个有办法的人。又过了一会儿,我去厨房看,我妈已经把饺子包好了。每个饺子都圆圆的,鼓鼓的,我心里高兴啊,对我妈说:'妈你真行!'我妈笑了一下。我问妈啥馅的,她说到时候就知道了。饺子供过了天地君亲师牌位,上桌了。我夹起一个送到嘴里,一咬,一股子清水流了出来。什么馅都没有,只有这一股清水!"

"一股清水?"

"对,清水。"

"清水怎么能包到饺子里?"她满脸问号地看着老头儿,一点儿也没听懂。

"她包的是雪疙瘩呀。傻孩子!"老头儿笑出了泪。

她懵在那里。

"现在不都时兴说水饺水饺吗?我告诉你,我那回吃的才是真正的水饺呢。"

"那水饺,什么味儿?"她愣愣地问。

"有点儿甜味,真的。雪是甜的。"老头儿悠悠地说,"所以我跟你说,煮饺子千万不能破。你想,要是我妈饺子包得不好,怎么雪化成水了饺子还不走样?"

她点点头,不知道该说什么。

"其实,破了的饺子——"静默良久,她终于开口,却又顿住。失明的母亲手力现在也不济,包出来的饺子常常都是破的。她一个一个地修正,也还是会煮烂大多数。她会把好的挑出来给母亲吃,她和父亲一边吃着那些烂饺子一边赞不绝口。

回过神来,她发现老头儿正看着她,眼巴巴地等她继续。

"也是好吃的。"她说。

"你要真说好吃,我也没办法。"老头儿宽容地笑笑。

她也抿嘴一笑,站起来,结账,出门。

厨 师 课

说话人简介：

周松海，1938年生于河南长垣，1950年进入当时河南省会开封市"又一村"饭庄学徒，受赵延良、黄润生、苏永秀、姬厚之等名师启蒙指教，开始从事烹饪生涯，1954年调到新省会郑州，在河南饭店工作，1956年赴北京莫斯科餐厅深造，开阔了欧式菜的视野，取得长足进步。1958年调至中州宾馆工作，1985年被省政府办公厅任命为行政总厨。1990年被任命为黄河迎宾馆行政总厨，1998年退休，2015年去世。曾获"中华名厨""豫菜宗师""中国烹饪大师"等称号，被业界誉为"豫菜百科全书"。

金泽，1991生于河南长垣，2009年高中毕业，无业游民。

此文根据2013年3月金泽手机录音整理，有删节。

周松海（以下简称周）：

你爹的事，办完了？

金泽（以下简称金）：

嗯。昨天五七。

周：

唉，想起你爹的事我心里就难受，他做菜也是有灵气的，是祖师爷赏饭吃的——哪一行都是这，有灵气的就是祖师爷赏饭吃，没灵气的就是自己到祖师爷那里求饭吃。咱们这一行，有的活儿能练，切菜配菜什么的这些能练。有的活儿不能练，比如火候和拿味儿。有的人做了一辈子厨师，这些就是不行。你这孩子，火候把得准，拿味儿拿得准，这就是祖师爷赏饭吃——你爹，他做菜做得好好的，不知怎么动了心思，就当了那个后勤科科长，这一当科长尝到了管人的甜头,就坏了,就想往上再走走,为这宁可把专业丢了。这个嘛,我也理解。咋能不理解呢?中国嘛,自古当官才是人上人。你爹他再有灵气,他就是觉得当官过瘾,就是觉得管人的快乐超过了炒菜的快乐,就是觉得管人的体面超过了炒菜的体面,这也没办法。你爷和我都心疼的是,他把手艺给扔了,越扔越远。他咋没想明白:你为什么能当上官?是因为你专业好!专业好,这才是你的贵重之处,这才是你的根本。当官能成为根本吗?可是这世上的事就是这啊。人一当上官就容易忘本,就容易把官当成了本——不过,或许在你爹的想法里,官就是本吧。

当年你爹为了进步,求你爷去说人情。你爷虽然不情愿,到底还是顺了他的意,你爷对我说,他当年只对你爹说了一句话,说:"你一定要把我这点儿薄面擀顿面条吃,那你就擀吧,只要你吃了不闹肚子就成。"可到后来,你爹他还是闹了肚子不是?

不说这个了。过去了,不说了。

金:

那咱们开始上课吧。

周:

唉,咱爷俩儿,上啥课呢,就胡扯吧——

我跟你爷那时候在"又一村",才叫上课呢,苦上课。不,我们不指定跟哪个师傅。那时候"又一村"的风气,不是单个儿拜师学徒。徒弟是大家的徒弟,师傅是大家的师傅,这样不容易拉帮结派,也能多学多教。我们一帮小伙计先学宰杀,学物料分档,也就是分档取料。比如牛羊猪肉鸡,虽然都是肉,可一物是一物,物性各不同,它们每个部位的用法也都不一样,把它们按部位分解开,就是分档。我们最开始学着给鸡分档,鸡有十二个分档。脊肉不老不嫩,切丁合适。腿肉肉厚,切丁切块都合适。比起来里脊肉自然最嫩,切片切丝都是好的,斩茸也好……这些你都知道,不说了。学会分档后,一只鸡我很快就分得利利落落。后来学着给猪分档,学会后,一条猪后腿我一袋烟的工夫就能分好,那感觉老美。一袋烟多长时间?算起来也就是四五分钟吧。那时候我就知道,做菜的享受可不是油锅里那几下,能把一个猪后腿利利落落地分好,那也是享受。

蔬菜也一样得分档。比如白菜。过去冬天没菜,白菜是要紧蔬菜,哪个厨师都得学会料理白菜。白菜帮、白菜叶和白菜心都得分开做。白菜帮做酸辣白菜、醋熘白菜、白菜炒肉片、白菜炒肉丝。白菜叶做白菜汤、白菜卷、白菜包肉。白菜心可主贵,有一道菜叫牛肉菜心。把牛肉切成很细的丝儿,白菜心拌进去,那就是上好的下酒菜。再比如芹菜。芹菜叶、芹菜秆和芹菜心都怎么做?芹菜叶是蒸的,芹菜秆是炒肉片、炒肉丝。芹菜心嘛,也是生拌最好。这些过去都分得一清二楚。现在可多饭店都不管了,都是不分青红皂白,一剁一剁就下锅啦。

金:

小时候,我常跟爷爷去买菜。爷爷只去专门的面店买面,专门的青菜店买青菜,专门的鱼店买鱼……不约而同地,那些老板就会把最好的东西留给爷爷。爷爷也说过,所有的食材都有物性,懂得物性才能把食材做好,因为物性是食材的生命。所以老祖宗留下一种说法就是"以物循性,以性循法,以法循烹"。好好寻思一下就会发现,许多东西的物性本来就是一个自洽的世界,比如西瓜瓤上火,西瓜皮却去火。瓜皮翠衣苦夏宝嘛。橘子肉上火,橘子皮却去火。十年陈皮贵似金嘛。

那些老板们说,爷爷是最懂物性的人,把这些好东西给爷爷,就是给了对的人,这样才不会糟蹋好东西,因为这些好东西在爷爷手里会做到最好。只要爷爷承认了他们的好东西是好东西,他们就觉得有面子,他们就会对别人说,老金爷都会在这里拿货呀!爷爷在他们手里拿货,他们会觉得,这证明自己也是行家。其实他们给爷爷的价钱一点儿都不高,他们说和钱没关系,他们不会赚爷爷的钱。后来我才明白,他们和爷爷之间,可以称得上是知音之赏。但他们一定会赚那些不懂货的人的钱,这对那些人是愚昧之罚。

在这种情谊上,你就会觉得,要那么多钱有什么用?没有用的。

周：

　　食材长成不容易，都是天地精华雨露滋润的东西，得爱惜。分档就是教我们对食材要用尽，要用透。用尽用透了，这就是爱惜——个头儿过大，过于稀罕，或者看起来奇形怪状的，却不宜吃。比如鱼长到了上百斤，老鳖长得太有年头，身上都有绿毛了，这些就不能吃。这些东西都是成精的，不能吃——黄瓜皮，你爷把它剁碎，挤出汁儿，再和鸡肉配到一起，做成青果鸡，好看又好吃。茄子都做茄子肉，谁做茄子皮？你爷做。他把茄子皮切成象牙块，拖面勾芡油炸，然后搁笼焖蒸，做出来让大家伙儿尝，都说好吃，都不知道是啥东西。你爷还做茄子腿——就是包茄子底座那一块，茄子蒂，再带上那个柄。过去这一块也是舍不得扔的，要切碎，炒菜吃。它还是一味中药，治背疮病毒。咋做？我看村里的郎中做过，就是把它晒干，在锅里焙得焦黄，冷下来，再研成细末。人一生疮，就把它拌成稀糊，涂在疮上，七天就好了。不过制成药就不叫茄子腿了，我听见郎中叫它"天丹散"。

　　现在要找到好食材，可是不容易。人多，想要高产量，就要想办法，就有了大棚、化肥什么的，拔苗助长让它长大。现在的人也古怪，就爱吃奇巧新鲜，冬天的菜非要夏天吃，夏天的菜非要冬天吃，哪还分个春夏秋冬？还觉得这可好。说到底，吃菜还是要吃时令菜，时令菜就得在田里野长，比如白菜、萝卜，它就是冬天长的，味道正，有营养，也价廉物美，人人吃得起，人人活得起，这是上天公平的地方，仁厚的地方，这就是自然法则，这就是天道天规。

　　人得守这天道天规，不能违反。你要是违反就得受罚，就有报应。所以，人定胜天，这咋可能呢？肯定不对。在有些事上人可以和自然斗一斗，咱们的很多科学发明都是斗争的结果，但是在大的方面，是不能和自然斗的，要守它，不然失败的肯定是人。就说吃吧，你要是乱吃乱喝，就是会得怪病。比如猪肉，猪肉就是要吃肥的，肥猪肥猪嘛，肥肉才好。你硬要吃瘦肉的，好吧，瘦肉精来了。牛羊肉呢就该吃瘦的，你非得吃啥小肥牛小肥羊，好吧，复合肉来了。再好的面擀的面条它的筋道也有个度，你硬要它筋道得扯拉不断,好吧,蓬灰来了……老天爷不会那么听你的话,你硬拗就是会有报应,还是让你搬起石头砸自己的脚,自己报应自己。

　　滑县的葱,中牟的蒜,博爱的姜,这些都是好食材。这些东西长得好,自然是得力于水土。水咸土甘生万物嘛。也是得力于风候好。说起来都知道有二十四节气,有多少人知道还有七十二风候咧。庄稼不能光靠太阳雨露,还得有风,有风的营养——别看风空来空去的,它可是有大营养的!尤其是瓜果。如果种瓜果不透风,那肯定完蛋。所以种葡萄、西红柿、黄瓜什么的,都要搭架子让风刮过去。风跟风还不一样。院墙里的风,村子里的风,城市里的风,平原上的风,山沟里的风,结出的瓜果肯定两样。海边的风,河边的风,湖边的风也都有各自的脾气,它们养出的东西也都带着它们的脾气。这就叫风候。常听人说啥饮食科学呀,饮食文化呀,要我说,这就是科学,大科学。这也是文化,大文化。

　　外人听着咱们说厨行也是科学文化,或许多少会觉得玄。对咱们这些内行人来说,可一点儿也不能觉得玄。鱼翅鲍鱼这一类的干海货,我一摸一捏就知道这货是秋天收的还是冬天收的,是好还是赖,发了以后能出多少菜。这是基本功。没有这点儿基本功还当厨师?这基本功也不是多难练,多经见一下啥都有了,这些东西自己都带着一方的味儿呢,它们往这一放,都带着一份明明白白的说明书呢,这说明书不是用字写的,就是让你下功夫来念的。

　　就说黄河鲤鱼吧。咱们豫菜离不了黄河鲤鱼。按说鲤鱼就罢了,为啥非得讲究个黄河鲤鱼呢?这里面说头儿多了。没错,湖里也有鲤鱼,池塘里也有鲤鱼,可是我跟你说,鲤鱼还是黄河鲤鱼最好。一说"鸡吃谷豆鱼吃四",这说的是池鲤。四是四月,就是春天。开春了,天暖了,池塘里能吃的小玩意儿多了,鲤鱼就开始活泛了。为了生养就开始大吃二喝,自然就肥了。到了四月份,那肉厚味美是不用提了。湖是大池塘,地气足,水质肥,养分大,比池鲤就要好吃一层。又一说"瓜熟鲤鱼肥",这说的是一般的河鲤。一般河鲤是六七月份的好吃。夏天雨水勤,雨水冲着树叶、草籽进了河里,成了鱼们的好吃食,它们的膘就刷刷地长,没几天就是一道好菜。还有一说是"十月鲤,鲤上鲤",这说的就是黄河鲤鱼。黄河原本就水流量大,含氧量高,到了秋季,黄河还容易涨水,水一涨,大水把两岸的杂草一淹,鱼在草里,就像进了大粮仓,那可是自在透了。秋天水也寒哪,为了顶冷,也为了储备冬天的营养,鲤鱼那是拼命地吃啊,吃啊……鲤鱼是两年熟,头一年的鱼苗到第二年的秋天正好长成一斤多重,一尺左右,这个时候,哪能不好吃呢?最好吃。"鲤吃一尺,鲫吃八寸",这句话就是这么来的。还有一句,同是一斤多重的十月黄河鲤,雄鲤鱼味道要比雌鲤鱼好。为啥?雄鲤鱼不养孩子不分心,一门心思长自己的个儿啊。

金:

您说黄河鲤鱼好,那是在咱们中国。我吃过的最好的鲤鱼是在马来西亚。那是我十九岁那一年吧,正是混账的时候。您知道的,我母亲去世得早,我跟爷爷在老家长到十五岁,直到他去世才跟着爸爸到了省城。我打小儿就跟爸爸不亲。您也知道的,我就想当厨师,他不肯。他想让我考公务员,进机关,走仕途,我也不肯。他怎么逼我我也不肯,越逼越不肯。除了逼,他对我就是惯,整天给我钱。可是我也混账。他的情,我不领。他的钱,我花。我不在乎他的钱,反正这些钱就是不当得利,就是造孽钱,放在家里也是祸害,反正这钱也不是我挣的,我干吗要在乎这些钱?不如痛痛快快花呢。那时候,我就是常往外扔钱,大把扔。反正最想干的他不让我干,那我就混日子呗。那时候我整天和一帮纨绔子弟出国旅游,吃遍了世界各地。

去马来西亚那次,一桌人吃饭都是胡乱吃,我只尝了一筷子就知道,这种鲤鱼是极品。每次吃饭,我们都点那条鱼,那条鱼都是我一个人在主吃……我才不跟他们说那么多呢,他们爱吃不吃,吃了也吃不出好来,也是白吃。我要负责任地告诉您,最好吃的鲤鱼就是它了,它的名字叫忘不了,好听吧?它是河鲤里游得最快的,也很聪明,是钓游对象鱼中高难度的挑战鱼种。它喜欢吃风车果,风车果是一种森林野果,味道本来就很好。这果子进了河里,就是这种鲤鱼最中意的美食。所以它自带香味,这是它好吃的最大秘密。

现在外国人很会吃了。不过他们的历史曾经也很吓人的。有一年,我去古罗马的庞贝城玩,这个地方在意大利西南海岸,紧邻着那不勒斯海湾,连接着罗马帝国和世界的航运贸易,所以在古马罗时期经济很发达,许多贵族和土豪竞相比较,生活越来越荒唐。男女之事上就不说了,单说吃的,那可真叫一个丧心病狂。我在参观厨房遗址时知道了他们当年的菜单,我的天哪,他们吃母猪的阴道、野公猪的咽喉、火烈鸟或鹳鸟的舌头、夜莺的肝,饭后点心有一种是腌制过的、带甜酸味的海鳝。这种海鳝在食用之前,还要用新宰杀的奴隶肉喂养几天……这么比起来,咱们豫菜可是够文明的。

周:

那是。咱们豫菜,那可是各菜系之母。都说豫菜很落后,数不着。还有豫菜吗?常有人这么问。这话问的,唉。八大菜系里,你想想,有东有西有南有北,能没有中吗?古人爱说南蛮、北胡、东夷、西狄,你听听这些名头,中原可不就是最核心的那个点儿嘛。所以,饮食的根儿肯定也是中原。不客气地说,整个中国饮食的萌芽期、发展期、形成期和繁盛期都是在中原完成的。豫菜的起源,就是宫廷菜。中国八大古都,河南占了四个。郑州时间短,就不说了。其他三个,安阳是七朝古都,开封是七朝古都,洛阳是九朝古都,光洛阳当都城就一千五百年!你想想,这些个朝廷往民间流传些宫廷菜,是多么顺便的事儿。

咱们中原,好地方啊。首先是咱们的物产丰富。不仅有大平原,也有山有水,山是太行、王屋、伏牛、桐柏,还有秦岭余脉。水呢,别的不说,仅是古代四渎里,咱们就有三条:黄河、淮河和济水。所以山珍水产样样都来。食材丰富了,饮食也就好发展。因为交通便利,咱们的经济贸易也很发达,手工业也就发展得快。饮食的发展和手工业的发展也密切相关,比如有了冶铁后,就开始有了刀和锅,就有了刀法和炒制。你知道吗?厨师们的技能在炒之前就是炖啊,煮啊,烧啊,烤啊,炙啊,有了冶铁以后才开始了炒。有食材也有工具,再加上咱们那么多地方都当过都城,宫廷贵族引领的餐饮层次很高,九鼎八簋这些规矩都是从咱们这里立起来的。各国来使也在咱们这里朝贡,带来很多稀罕东西,所以咱们的厨师见识多,经验多,就汇总和创造了很多技法,饮食就越来越发达。尤其是到了宋朝,国力强盛,民众富裕,上下都很会享受,没了宵禁,有了夜市,放开了酒,这可不得了了。在那以前,酒是官卖的,酒是酒馆,饭是饭馆,各开各的,两不相干。酒和饭一放到一起卖,饮食就受到了很大的刺激,就更厉害了。

北宋南移以后,中原饮食的影响力才慢慢弱下来,淡泊了。中原逐鹿,仗打得勤。你看史书就知道,咱们这块地方的人就是韭菜,打一次仗就割一茬。有本事的人家,能养得起车马的就都跑了,这一跑,就把咱们豫菜带到了全国各处。可以说,咱们河南人走到哪里,就把豫菜带到了哪里。以豫菜为基础,人慢慢适应着当地的水土,菜的口味也慢慢被改良着,就有了如今的南甜、北咸、东酸、西辣。

豫菜嘛,甘而不浓,酸而不酷,咸而不涩,辛而不烈,淡而不薄,香而不腻……你别笑。豫菜做到了功夫,就是这么好。没特点?不,咱们有特点,咱们的特点就是甘草在中药里的作用,五味调和,知味适中。所以内行常说,吃在广东,味在四川,调和在中原——提起川菜,我就想叹气。现在的人整天说吃,却不会吃。吃得没有品位,没有滋味,也没有营养。很简单的,你放眼去看,满大街餐馆里都是麻辣,麻辣几乎就是第一味。这还能说会吃吗?麻?啥叫麻?介于疼和痒之间的,这叫麻。那是最难受的味道。说穿了,麻就是让你木的。所以医生用麻药止疼。啥是辣?是疼和烧之间的味道,就是刺激人不好受的。麻辣自古都是辅味,不能当主味。现在可好,都拿这些东西当主味了。还有的厨师就以为四川菜讲究的就是个麻辣,这就是外行话。真正的四川菜,百分之六十以上的都不是麻辣,一桌能有两个麻辣菜就不错了。

人心粗了,就吃不细了。

金:

我爷爷常说,食材的好味道有两种,一种是简单的,原则是食材的本味就很好,很完美。你吃了就知道,哦,这是大白菜的味儿,这是小白菜的味儿,这是春荠菜的味儿,这是夏荠菜的味儿,这是土豆的味儿,这是山药的味儿,这是红薯的味儿。这些味儿很单纯,我们要做的是体现出它本来的美味,让你吃了它就是一个感觉:好吃!

另一种是复杂的。这种食材的味道往往很个性,它的优点很鲜明,缺点也会很鲜明,像羊肉的膻,猪肉的腥。它们有缺陷,需要我们把这种缺陷去掉,也就是给食材扬长避短,这就得用调味料来平衡和协调,越突出的个性越得平衡和协调。就像一座好房子,就那么一栋,孤零零地矗立在荒郊野地里,有什么意思呢?得有溪水,有园林,有草地,推开门也得有左邻右舍,这房子的好才能扎下根来,成为能亲近交往的好。不过千万不能忘了,调料存在的唯一使命就是为主料服务,就是为了让主料的味道更好,所以一定要用得适度。当你吃到某道菜觉得调料太重的时候,如果不是厨师水平有问题,那一定就是食材本身有问题,肯定是不够新鲜了才会需要重调料来遮蔽和哄骗食客。调料是为了衬托和修饰主料,而不是遮蔽和哄骗。这是一条根本原则。

还有一条根本原则:加入调料的目的是为了让食材的味道丰富,但这丰富绝不等同于混乱,一定得很有层次很有秩序。要做到什么程度呢?你要细细回味,你要再三品味,你会觉得它不仅仅是好吃,还耐品。你会觉得它不单薄,它是有宽度和深度的。

周:

豫菜调味,关键就是汤。这是豫菜的命根子。唱戏的腔,厨师的汤。有汤开张,无汤打烊。在咱们这儿,一个厨师不会吊汤,哪儿还能叫厨师?只能叫伙夫!为啥吊汤这么要紧?这得从海鲜说起。海鲜咱中原没有鲜的,只有干货。想把干货做好,就需要好汤入味,汤就成了豫菜的鲜味之源。豫菜吊汤是用老母鸡和肘子,三洗三滚三撇沫,先熬毛汤,一部分毛汤通过扫汤来得清汤,另一部分毛汤再加进棒骨来熬奶汤。用奶汤的料渣加水再熬,得二汤。清汤可以做开水白菜、清汤竹笙和酸辣乌鱼蛋汤。奶汤用来做奶汤广肚和奶汤蒲菜。二汤用来烧家常菜。最好的清汤叫"浓后淡",看起来就像是一碗白开水。端上桌的时候,没见过的人都以为是涮勺子的水。但是,尝上一口你就知道了,这就是好清汤。好清汤有个说法,叫"清澈见底,不见油花",好奶汤也有一个说法,叫"浓如牛奶,滑香挂齿"。

吊汤的味儿是什么味儿?所有的好汤,你喝了以后跟喝老酒一样,醇。你先用舌尖品,舌尖是尝味道的。然后汤就到了咽喉部,咽喉部是找感觉的。舌尖让你知道咸甜酸辣苦,但是真是找感觉,就是在咽喉。好茶、好菜、好饭,这些好东西到了咽喉部,都能把喉咙打开,都是能回甘的。

现在的汤吊得都不如以前了。一是猪肉不好了,二是老母鸡也难找了。过去的老母鸡,两三个小时都熬不烂,现在你把鸡切成块,一焯水二三十分钟就熟了——都是饲料鸡呀。想要真材实料的老母鸡也不是不行,你得去村里收。平日里自家吃,收个一只两只还行,饭店整天这么用,去哪里收那么多鸡呀?得多少人下去收呀?成本得多高呀?不现实。

食材不中,厨师水平再高也得往下落点儿。不过话说回来,纵使食材一般,要是厨师手艺好,也不至于把菜做得太差劲。如今为啥那么多人做的菜放不到正经桌面上?因为手艺不中。手艺不中可是最要命,能把上等食材做成中等,中等食材做成垃圾。

我学吊汤,就是在"又一村"。"又一村"的规矩,学徒先是学几年分档,再是几年打荷,然后才能上灶吊汤和炒菜。我只在"又一村"挨过一回打,就是因为吊汤。那时候我已经学会吊汤了,也被师傅们夸过,想着自己快熬出来了,就有些马虎起来,觉得这也没什么大不了的。有天夜里,饭店不远处有一门大户人家给老太太祝寿,请了戏班子在门口吹唱。我是个戏迷,一边在厨房里忙活,一边听着外头的热闹,心里跟猫抓一样。我把水添满,烧开,把熬料放进去,看锅里的汤大开了,从炉膛里撤了几根劈柴,把火改小,锅盖半开,就偷偷溜了出去。这一看不打紧,就把汤忘得一干二净。是值班的赵师傅揪着我的耳朵把我从人群中拽回去的。那汤熬的，不能看啊。赵师傅一巴掌就呼到我的脸上，说："不下功夫，汤就不能熬到劲儿。非得叫你长长记性，叫你知道啥叫规矩！"那一晚我可没睡，从头去熬。整熬了一夜，熬了四大盆毛汤，两大盆清汤，一大盆奶汤。

金：

以那时候的条件，用劈柴就是最合适吧？小时候，我读书读到"煮豆燃豆萁"，问爷爷，为啥煮豆要燃豆萁？爷爷说，这太合物性了。他试过，煮豆就得用豆萁最好，煮出来的豆子最香。就像熬玉米粥，最适合的燃料就是玉米芯。

周：

那是。啥物性配啥火候，这也是个要紧功夫。听"又一村"的师傅们说过，多少年前的老祖宗都知道了把火分五种：文火、小火、中火、大火、武火或者旺火。多聪明，多能。

金：

《吕氏春秋·本味篇》中说："五味三材，九沸九变，火为之纪。时疾时徐，灭腥去臊除膻，必以其胜，无失其理。"袁枚在《随园食单》里说："熟物之法，最重火候。有须武火者，煎炒是也，火弱则物疲矣。有须文火者，煨煮是也，火猛则物枯矣。有先用武火而后用文火者，收汤之物是也，性急则皮焦而里不熟矣。有愈煮愈嫩者，腰子、鸡蛋之类是也。有略煮即不嫩者，鲜鱼、蚶蛤之类是也。肉起迟则红色变黑，鱼起迟则活肉变死。屡开锅盖，则多沫而少香。火熄再烧，则走油而味失。"

周：

你小子甭给我掉书袋了。反正就是一个意思，火可关键，可重要，所以咱们厨师用火不能叫使火、用火，而叫驭火。我好说火硬火瓤，这其实说的是燃料，比如煤炭、汽油、电、天然气，这些燃料出来的火就是硬火。

金：

宋朝饮食业发展迅速，还有一个火的原因。宋朝时，煤炭成了主要燃料，这对于饮食发展也是革命性的。它的火很硬，可以瞬间导热，能让你爆炒。

周：

嗯，柴火、木炭、麦秸秆、玉米芯，这些燃料出来的火就是瓤火。若做温炖熬的东西，火越瓤就越好……火候要紧，打荷也可要紧，能学不少东西。我跟你说，厨房里的杂活儿，什么都得学会干，也什么都得干得好。咱这一行就是个勤行——勤快行当，不能手懒。即便你立志要当个最了不得的厨师，你也得有好手给你打荷，你要是不懂打荷，他可怎么服你呢，你可怎么调理人家呢？

你小子这是刚开始，就好好学吧，好多着呢，且学着呢。老老实实学。

金：

我爷爷有一句口头禅，想做个好厨师没有什么诀窍，就是四个字：老老实实。他说这四个字是所有手艺人的根本。老老实实练基本功，老老实实找好食材，老老实实做菜。汤该炖到什么时候一定要炖到什么时候，该用四川汉源的花椒就一定要用那里的花椒。蒜该捣的时候一定不能拍，葱该切丝的时候一定不能用段，面要醒三个时辰，一定不能两个半，得烧地锅的时候一定不能用天然气和电磁炉……说句戆话，所有的程序都得老老实实，有了这四个字，厨师就有了立世的根本。哪怕你做不了太好呢，最起码也不会太差。

爷爷还常说，一天不老实，自己知道；两天不老实，同行知道；三天不老实，外行知道。这是说唱戏练武的功夫，厨房的道理也是一样。这块面，你少揉一下或许没什么，少揉两下就肯定不一样。那肉在锅里多焖一秒钟没事，多焖十秒钟肯定就不行。举个简单的例子，就是一碗炝锅面，老实做肯定就比不老实做要好吃。炝锅面要用高汤，同样是高汤，老实的做法是另开一灶，让高汤一直滚开着，煮面的时候，加进去的就得是这热高汤。绝对不能是凉的。道理嘛，一是热汤本身就香，一烫顶三鲜嘛。还有一个，你想，底料都炝好了，你一勺子凉汤加进去，就像一个人正在满头大汗地跑步健身，你突然硬拽着他去冲了个凉水澡，他能不感冒？饭菜和人一样。这样做出来的饭菜就是有病,怎么会好吃呢?

当然,厨行的事很难形容,鱼要鲜嫩到什么程度?饼要筋道到什么程度?没有公式或者标准,所以想打马虎眼的话,尽可以去打。食客们也不一定能吃得出来,甚至可以说,绝大多数食客都尝不出来。但是,但是——爷爷说,水往低处流,人要往高处走。手艺人的高处不是升官发财,手艺人的高处就是精益求精。你有了往上的心劲,也做了往上的努力,你的手艺就会一天比一天好,一年比一年好,久而久之,你自然就成了高人。你以为高手是怎么来的?就是这么老老实实慢慢儿磨出来的。我说其实也就是两个字呗,老实。爷爷说,就得是四个字。我说为啥要重复一下?老老实实,意思不还是老实吗?爷爷说,因为这世上聪明人太多,聪明人太容易不老实。所以得老实里再夯上一层老实。

周:

所以咱们这一行,手艺之外的东西,不能太想着进步。越想进步,就越容易退步,尤其是德行退步得快。有人跟我理论过,说有的人德行很差,却也不影响他做菜的手艺很好。就像武术一样,有的人心思很坏,武功却很高。所以说看起来品行高低和专业水平没啥关系。我说,这说法不对。这二者不仅有关系,关系还大着呢。正因为是大关系,所以不是一时半会儿能看出来的,沉住气往后看,越往后看越能看出分晓。就打个比方吧。你如果品德坏手艺好,就容易用好手艺做坏事,比如把坏的东西做得让人吃不出来,把臭东西做香,把腐烂的东西做成新鲜的样儿给人吃。——到夏天,你看看街边大排档上的那些菜色,你看看那肉的红,那么妖艳粗鲁,肯定是用了色素。其实稍微用心一下,食材本身的颜色就够用了。红萝卜西红柿红椒这都是红,苦瓜莴笋菠菜这都是绿,莲藕山药土豆这都是白,紫菜香菇黑木耳这都是黑,哪样不好?天然好看又健康。即使卤肉什么的需要调色,也应该用糖啊酱油啊这些东西来调。你知道吗?藏红花汁儿调出来的金黄色,那可是漂亮极了。想要让牛肉颜色又好口感又嫩,木瓜浆的功效比嫩肉粉强几倍。

可是你心性坏了,就会为了利益,你就能做得出来下作的事——你整个人、整个心性是往下走的,这就注定了你即使悟性不错,即使手艺到了那么一个阶段,也很难进一步提升。因为你的选择很容易趋向于不好的东西,这会妨碍你往更高的地方走。所以啊,第一要紧的就是练基本功。都说咱们厨师就是"金手银胳膊",所谓的"金手银胳膊",就是手艺。手艺是啥?就是技术,就是基本功。现在的很多厨师都走偏了,不钻研技术,就知道搞公关,搞策划,要打造这个,打造那个……不是金手银胳膊了,成了金嗓银喉咙。有的还一门心思想当官——我眼看着你爸爸走的就是那条路。人和人的心性不一样,活法也不一样。有的人一当官,不但觉得丢了专业不可惜,甚至恨不得越丢越远。他觉得自己的专业说起来可丢人,就想洗干净,恨不得人家都不知道……不过有意思的是,他们退休后又回头去吃技术饭,纷纷去当什么技术顾问啦。

你打过太极拳没有?基本功就是打太极拳的时候你扎的那个下盘,下盘扎得稳稳的你才能固根行气,上盘的花活儿也才耍得开。可是这个行当的孩子们现在谁还认这个?懒,省事,光想巧宗。

金:

我认啊。

周:

我知道。你要是不认就不来找我了。你就说锅烧肘子吧,会的人是越来越少了。为啥?锅烧太麻烦。现在都是扣肘子和扒肘子——我跟你说,现在街上卖的都不叫肘子,都叫蹄髈。骨头都不剔就叫肘子,还真是好意思——锅烧肘子是什么?一定得是前肘,剔好骨,先把猪皮烧一烧,毛根儿刮净……一点儿小路都不能走,做出来的菜才是那个味儿。还有黄河鲤鱼焙面的焙面,焙面以前都是用手擀的,擀得薄薄的,然后再切丝,炸得酥脆。那面成了以后,晶莹透亮,细可穿针,点火就着,入口即化。现在没有人擀了,都是直接拉。拉比擀容易呀。可拉和擀,能一样吗?再说狮子头。狮子头看着好做,要做好可不简单。先把肥四瘦六的五花肉切成石榴籽大小,形状均匀,不粘不连,再加入南荠丁和蟹黄,加鸡蛋、粉芡、盐和胡椒等调味,然后用筷子摔打成剂,再烧开高汤生余,这样一道狮子头,没有两个钟头做不下来。这样做出来的狮子头也才醇厚不腻,酥嫩入口。有个老主顾,喜欢你爷做的狮子头,得了重病,临死前两天医生说他想吃啥就吃啥,他就让人捎话给你爷,说想让你爷再给他摔个狮子头吃。你爷就给他摔了个狮子头。他这走得就圆满了。

要说咱们这个行当,可算是上不着天,下不着地的。怎么讲?你想做好事,一碗粥就救人命。你想做坏事,你也能给人下毒,把坏事做绝。最低标准,你把饭做熟就行。如果你想求高,你不想只做饭,你还想把饭做成美食,那你得一辈子努力。学识上,技艺上,你就去下功夫吧。艺无止境嘛。你想做得大,就开成麦当劳连锁的那样,甚至一道招牌菜,比如卖个乡村鸡,你一年都能卖上亿。你要想做得小,那就只做一家,慢慢琢磨,慢慢研究。你要做得短,今天开门明天关,也是常事。你想做得长,那也由着你。只要你功夫到了,坚持下来了,这条路,你想走多远就能走多远,想走多长就能走多长。东来顺,狗不理,都够长的吧。就说"又一村",日本人来了,把饭馆炸塌了,灶房只剩下半个了。要摘牌子关门,老客户们不让,说得留着。日本人走了,它就又开。到了现在,虽然菜不中了,靠着这个名头,还能一年一年地养人。

想想真有意思。饭菜这东西,只要你做得好,就什么人都爱吃。不论什么朝代,不论谁当皇帝谁当领导,大米还是这么蒸才好吃,面条也还得这么擀才好吃。因为舌头牙齿它撒不了谎,骗不了人。所以我跟你说,技术饭是最经吃的,是能吃一辈子的,是吃一辈子也不会倒胃口的,是越吃越香的。

当然,话说回来,不论到啥时候,不论自己手艺再好,也要知道山外有山。

金:

小时候,我常跟爷爷去吃别人的菜。爷爷说,民间从来就有很多高手,虽然没有进入这个圈子,但手艺也很让人称道。他们擅长的一般都是单品。沁阳有一家店,专门做生汆丸子,我跟爷爷去吃过。他家的丸子就是独一份儿,真是学不来。博爱有一家炸枣糕的,是发糕,就两口子,一辈子就卖这个东西。油温啊,面的柔软度啊,他们就是把握得最绝。来郑州后,有一次我跟爸爸吵架闹逃学,就逃到了博爱,说自己是孤儿,求人家收我当学徒,人家信了,把我留下来,手把手地教我。这些民间高手,不懂什么理论,就只会手把手地教。我在那里待了七八天,七八天里就整天看了做,做了看,可事情就蹊跷在这里,看着简单,做着也简单,配料也不稀奇,可你就是做不出来人家的味道。在店里,人家手把手教的时候还差得不太远,离了那个店,我回郑州后自己又做了两回,简直给人家的味道提鞋也不配。

太行县城西关镇还有一家店,专门做白菜烩羊肉。他就是做这个菜做得好。我爷爷跟他开玩笑,说:"你教教我吧。"他吓得不行,对我爷爷说:"您老就是给我十万块钱,我也不能教您啊。您老太厉害了,教会了您,那我可没法子吃饭啦。"

周:

你爷,我最铁的老哥儿们,他不仅是手艺好,品行也让人敬重,就退休这一件事就能看得出来。虽说那时候他的味觉和嗅觉退化了,可是凭他的资历,想要在这位置上多待几年,谁也不能说个不字。他不。他坚决要退下来。他说该让年轻人上,说要留余地给后人。他说只要他占着那个位置,一来是徒弟们老想着指靠他,总有个惰性。二来是徒弟们也受拘束,想要做个什么创新都得看他的脸色,他皱皱眉他们就得反复掂量。还有一点,有什么好事徒弟们也得礼让他。当烹饪大赛的评委了,高层领导要接见了,形形色色的荣誉表彰了,都不好越过他的层面去。电视台来采访,需要表演性地做菜,唱主角的肯定是他,采买原料和案头准备就都是弟子们。到时候镜头对着的是他,观众都以为是他在做菜,殊不知他把菜放进锅里之前,别人已经给他做了九成五……他说他已经沾了不少光了,不能再沾光了。弟子们仁义,他也不能亏心。该退出去就得退出去,不然自己老脸无光,也招人怨恨。

金：

　　小时候，我真没少跟着爷爷去县城的饭店玩，一到饭店，老板们就一定会请爷爷去后厨指导。后厨的那些师傅们，一看见爷爷就会紧张。爷爷到哪一张操作台前，哪张操作台的气氛就紧张。到谁跟前，谁的表情就会紧张。这是我后来才明白的，当时我只是觉得大家怎么看见我爷爷都会绷个脸，怪怪的。可能是为了缓解这种紧张，大家伙儿就都拼命逗我玩，逗我耍活宝，爷爷才会显出一点儿笑模样。他们对我的这种好，和郑州那些围着爸爸的人对我的好，真是一点儿都不一样。师傅们就是因为敬重爷爷而喜欢我，虽然给我的礼物不过是一点儿自己做的吃食，但好得真心实意。那些人是因为要用爸爸才对我好，虽然是花钱如流水，但我知道那些就是假情假意。他们很遭罪，我也很遭罪。

　　爷爷从不疾言厉色。他是不怒自威。威从何来？当然是他的手艺、他的态度、他的水准。从选料到下厨，他的每一个环节都无可挑剔，让人敬服。还有他的做人。他是一般厨师的时候，忠于职守。他当厨师长的时候，自律公道。他就是标尺——他自己绝不认同这个，但大家都知道。他去世后，每当碰到业内同行，他们都会这么对我说："你爷就是标尺，最标准的标尺。"爷爷去世后，有一次，我去一个饭店吃饭，到后厨找爷爷的熟人说话，在卫生间里听见两个厨师在说爷爷的事，他们都没怎么和爷爷打过交道，可都异口同声地念叨着爷爷的好。我蹲在隔板间里，眼泪就那么下来了。

周：

　　你爷走了，我还在。一样的。你说清化姜、章丘葱、金乡蒜、南阳牛肉、甘肃土豆、金华火腿、中卫枸杞、西藏松茸、新疆大枣、云南牛肝菌、山西小米、黑龙江大米……千里远，万里遥，它们咋就能碰面，碰到同一个厨房、同一张砧板、同一口炒锅、同一只瓷盘？人跟人的缘分不就是这？跟菜一样。咱们爷俩注定就是一只盘里的菜。我这辈子收的最后一个徒弟，也就是你了。

　　今儿就到这儿吧。我动手是不中了，上课也就是说说话，说的还都是些老话，家常话，都没啥。不是老提什么传统吗，我说的就都是些传统。将来耍啥花活儿那是你自己的事儿,我能跟你说的,就是这点儿传统。唉,你这孩子,给我磕啥头呀?别拜我,来来来,拜伊尹吧。这是厨圣,咱厨行的神仙。他还是药神哩。中医熬药是他发明的。我不管别人信不信他——也管不了别人的事——反正我信他。你投到我这儿来了,你也得信。你爷要在,也得让你信。

好了,起来吧。今儿就到这儿吧,就到这儿。我这把老骨头一年半载的散不了,咱们还能说好些回话儿呢。

最后的爆米花

1

一看到那个爆米花的老头把摊子扎在了自己的窗口边,老常就把眉头拧成了三根刺。在老常眼里,他这个窗口可不是普通的窗口,是马六甲海峡,是英吉利海峡,是白令海峡,是直布罗陀海峡,是自家连接到外界的一个黄金通道。现在,这个脏兮兮的老头把爆米花的摊子扎在自己的黄金通道边儿,虽说还隔着几米远,却也是明摆着会妨碍到自己的生意。

不过老常没有即时发言。说到底这个巷子口又不是他的地儿。他得看看情况再定。

巷子口是喇叭形的,左口敞得更宽些。老常家这栋楼的左侧就是巷子,退休了之后没事做,他就在左边那间小卧室的左墙上打了个窗户,装了个塑钢推拉玻璃窗,开了一个小卖部。也没有什么大货物,无非是油盐酱醋,香烟糖果,再装部公用电话。原想着风不吹雨不淋又省了房租,无论挣多挣少,只要能用这个来打发打发日子,也让日子打发打发自己,也就是了。没想到算下账来,从黎明到黄昏,一日里居然能宽宽松松地赚个二三十块,很可观。果真是财从细来呢。

老头把三轮车上的东西一一取下,放在了老常的眼皮底儿:一个炭炉子,一个风箱,一个大号的塑料水杯,一大一小两个红色的塑料盆,一个小马扎,一个中间鼓两头尖的带着手柄的黑转锅,一个上边是黑铁桶下边是黑麻袋的物事,外加一个银光闪闪的大方白铁盒……琳琅满目。后几样东西初看起来都是有些怪异的,不过老常对它们的用处可是知道得一清二楚。黑转锅是爆米花的主要武器，黑麻袋是爆米花刚出锅时盛放的用具，大方铁盒嘛，是用来做大米糕的。

说话间老头已经在墙上敲了个钉子，把一张纸片挂在了墙上：

爆玉米花　每锅需用两斤半玉米　工价三元

做大米糕　每锅需用两斤半大米　一斤半白糖　半斤油　工价六元

老常敲了敲窗户，冲老头招了招手。老头慢悠悠地走过来。老常问他，谁让他在这里摆摊儿的？有没有跟居委会说？有没有跟城管上说？有没有跟工商上说？有没有跟税务上说？似乎他是居委会、城管、工商和税务的代言人。老头一个字都没吱声，等老常通通通说完了，他从口袋里摸出十块钱，打窗户递了进去。老常咽了一口唾沫，接了钱道："要什么？"

"你多照应。"老头说。口音和老常推断的一样，不是本地人。

"什么？"

"你多照应。"

老常明白了。看了看钱，有些不忍，又递回去："其实，也不是钱的事。"

"我一周就来一次。"老头又说了一遍那四个字，"你多照应。"

老常沉默了一会儿，把那十块钱收了起来。老头转身离开，坐在马扎上，拨开了炭炉的塞子，开始忙活起来。

2

老头不胖不瘦，不高不矮，穿着深蓝色的中山装，深蓝色的裤子，头上戴着一顶深蓝色的呢子干部帽。大约是因为长年在炭炉边的原因，他的脸看着总像是洗不干净的样子，浮着些黑黑的煤灰。偶尔他把帽子摘下来弹灰的时候，人们就会发现，这其实是个眉眼很周正的老头。不过因为很周正，也就没什么特色了。让人看过了就会忘记他长得什么样子，反不如丑些的人让人过目难忘。

或许是因为新鲜,一开张就引来了很多看客,看客多了,主顾就多了。看到已经有四五个主顾了,老头就从一个黑包里掏出一摞硬纸,上面写着号码。老头一一把纸片发了去,让他们按着号来。众人拿着这些纸片都笑了,说老头还挺讲秩序的,老头没说话。

顾客十有八九都是做大米糕的。转锅是高压转锅。老头把大米装进转锅里,拧紧盖子,就开始一手拉风箱,一手摇转锅,他拉啊拉,摇啊摇,一边拉摇一边看着手柄上的气压表,一般快到十分钟的样子,气压就足了,老头就不慌不忙地站起来,把烧得肚皮白亮的转锅从炭炉上取下,锅口对准上铁桶下麻袋的那件黑物事——这时候就知道麻袋上面是铁桶的用处了:只有这么厚的铁皮才能耐得住转锅的高温啊。对准了铁桶,老头就用一根铁撬杠稳稳地插进锅口的阀门开关上,身子微微后倾,静一静,聚聚神,然后突然用力一踹。

轰!

一声震响,黑麻袋便在这一瞬间被气浪充起,鼓囊囊,饱胀胀。与此同时,老头的脚下腾起一阵白云般的缭绕气雾,一股浓烈的芳香便在空气中弥漫开来。

在芳香里,老头迅速地解开麻袋尾部的绳子,把米花倒进大红塑料盆中。接着他在炭炉上坐上一个小铁锅,把油倒进去,又把糖放进去,开始熬糖稀。等熬得糖稀泛着白沫滚滚热的时候,他就把糖稀倒进红塑料盆里,和大米花搅拌起来,搅拌匀了,就把这些又软又热的混合品倒进那个大方白铁盒子里。然后,他拿出一个大大的戴手柄的木片,把大米花在白铁盒子里一一压瓷实。这就成了大米糕,下面的事情就是等大米糕在铁盒里冷却坚硬之后,再用刀子把定型了的大米花一一割成小块,给主顾装进黑色的塑料袋里。这一锅才算彻底清工。

在给主顾装袋之前,老头都要从中拣出两块,放进小红塑料盆里。塑料盆的前面写着四个字:免费品尝。

老头在众人的目光中一五一十地进行着这一切程序。等待着的主顾们有些无聊，就会说起往日的爆米花。都是在乡下待过的，都有过在乡村生活的历史，对爆米花自然也都有记忆。

"那时候来我们村做爆米花的那个人总穿着一件黑棉袄，骑着个二八的飞鸽车，车的后座上是两个大筐，筐里装着这些设备。然后我们就排队。大人们没空，只有小孩子排。那时候爆的都是玉米……"

"爆玉米，两毛钱一锅。放糖精再加一毛。"

"那时候大米金贵啊。一个月一人只能买一斤大米，谁敢拿它去做零嘴吃？"

"嘿嘿，逢到谁家爆大米的时候，要么去地上捡些吃，要么顺便到家人篮子里抓一把，也没人说什么。那时候的人，都是厚道的。"

"现在的人也厚道。你看，不是还让免费品尝吗？"

"那也是师傅定的规矩好。他不定规矩，谁肯让咱们尝一口？"

"这个师傅真不错。要是再开朗些就更好了。"

"懂什么，人家这叫个性。"

……

无论谁说什么，老头的话都很省俭，能不搭言就不搭言。日子久了，人们就都知道了：这是个不爱说话的老头。

3

规律这个东西是最容易让人感觉不到的，却又是最厉害的。人们的生活早就被各种各样的东西规律着。从阳历的元旦、"三八"、"五一"、"五四"、"六一"、"七一"、"八一"、"十一"，到阴历的除夕、元宵、清明、端午、中秋，其间还有立春、雨水、霜降、冬至等各种各样的中国节气和情人节、愚人节、母亲节、父亲节这些外国节气，更不用说什么植树节、法制宣传日、艾滋病宣传日等这些七神八仙也夹杂着，一年四季就都被切得零零碎碎。还不单单是这些。在家里有家人的规律，在单位有领导和工作的规律，在大街上还有交警和红绿灯的规律。人们就生活在规律里面,谁都离不了这些规律。这就是寻常人的规律。规律保护自己的时候,是喜欢规律的。规律框诫自己的时候,是讨厌规律的。无论是喜欢的规律还是讨厌的规律,都是硬邦邦的方格子,怎么挣都挣不脱。要不怎么能叫规律呢?人们从这个方格跳到那个方格,光阴哗啦啦就飞过去了。

转眼间,老头已经在这里待了将近一年。他果然是说话算话,一周只来一次。来的那天都是周六。他的规律伴随着他的炭炉、他爆米花时的声响和他爆米花散发的香气,逐渐也成了周围人的一个规律。然而这个规律的方格子却不硬。与其说是规律,不如说是一种柔和的浸入,是一种亲切的伴奏。这规律,是温的,是软的,是暖的。黄昏时分,一拐到巷子口,看见炭炉蓝紫色的火焰欢欢地飘着,人们就会忍不住加快蹬车的频率和走路的步伐,有孩子的妇人会连忙捂住孩子的耳朵,道:"要响了吧?快响了吧?"

响,说的就是爆米花开锅时的那一声"轰"。很多人都怯着那一声。不过老常从不捂耳朵,他总是很惬意地看着,听着。老头在这里扎下的摊子带给他的不仅仅是十块钱,还有无尽的乐趣。这是他当初无论如何也没有想到的。原本预料着在这个越来越洋派的城市,谁还会稀罕吃这个土东西?没想到,这么土的东西反而成了人们的稀罕。一到周六下午,人们三三两两地就拿着东西排着队,来到了老头的炭炉前。在冬天,火真是个好东西啊。总让人们不自觉地就想围在它的身边。这个爆米花的小摊,这旺旺的炭炉,似乎为这个严丝合缝又苍凉无边的城市燃出了几分悠缓奇丽的诗意。只要站在这里,人们就会感到,生活一下子就慢了下来。不慢下来就是不对的。既对不起这个爆米花的小摊,也对不起自己。

来做爆米花的主顾群很快就固定了下来。这时候老常才发现,这个老头一周来一次简直是太英明了。一周时间,既给一些主顾们留了吃的余地,也给另一些主顾们留了盼的想头,还给自己留了时间去别的地方转悠。这么着,他一天换一个地方,到哪里就都是细水长流,客源不断。这个城市就到处都是他的主顾了。

不知道老头的名字,也没有兴趣去打听,人们就叫他师傅。更客气些的叫老师儿。这个老师儿一定是要带儿化音的,以区别学校里的老师。这些都是豫北平原对中老年男人最常用的称呼。既不高看也不低看,既不卑也不亢,是最有礼有节的一个称呼。无论谁怎么叫,老头都是那么淡淡地应着。他的话还是那么少。按说做生意的人总要对主顾们迁就些,低伏些,温存些,可他不。不仅话少,他的表情始终也是很端庄的。他沾着煤灰的脸上几乎从不带笑容。这种端庄的表情很奇异,具有一种多义性。可以视为骄傲,也可以视为宽容,还可以视为严肃。总之是很尊严的,是有架子的,然而也是很大气的。谁的零钱不够,他就说:"走吧。"也不说下次再给的话。有孩子要尝,他就指指小红盆里:"拿。"看孩子不动手,他干脆就抓两块递过去。

老常很喜欢他这种风度。男人嘛,就该有个脾气,有个架子。男人膝下有黄金,男人有泪不轻弹,这些话都对。那么男人脸上的花也不该随随便便就开起来。开多了不就贱了嘛,就不值钱了嘛。看多了老头的神情,老常不由自主地也有了改变,逢到有人来买东西,即使是嚷着要买整条香烟的主顾,他也不再哈着气说:"你要什么牌子的?"而是慢条斯理地踱到窗口处,威严地从鼻子眼里哼出一个字:"嗯?"

4

在这端庄的老头面前,主顾们也都很顺从。当大米进了转锅,刚开始摇的时候,老头都要抽个空去切割白铁方盒子里上一锅已经凝固的米糕,怎么抽空呢?就是命令本锅的主顾们来替他摇两把。有的主顾们会说没摇过,害怕,他就韧韧道:"不难。"然后顿一顿,又道:"你们再不过来摇,米花就焦糊了。"于是那些主顾就连忙坐在那里,兴致勃勃地摇上几把。——有兴致来做爆米花的人,原本也都是有些孩子气的,心底里似乎早就盼着有这个机会,一被鼓动就按捺不住了。

然而一上手就知道,这个活并不像想象得那么简单。风箱是一里一外的直线,转锅是圆打圆的环线。等于说一手画圆,一手画线。路数不同,劲不能一顺儿去使,实在还是讲究技术的。有的两手一齐画圆,有的两手一齐画直线。两手画圆的时候风箱受不住,两手画直线的时候简直要把转锅从炭炉上揪下来,于是就有些个胆小的女人惊叫着从小马扎上逃起来,跟跟跄跄地说:"老师儿,不中啊,不中。"

于是人们就轰地笑了。

还是男人们做这个活稍微强一些,无论是十七八岁的男孩子,三四十岁的中年人,还是六七十岁的老人,男人似乎生来就更会做这种活儿。不过再怎么会做,头几下都免不了闹笑话。当然也都是有惊无险:即便是把转锅从火上拽下来又能怎么样呢?又不会爆炸,又伤不了人。于是这就成了男人们短暂的玩具。他们拉着,摇着,笑着,偶尔有的人还会吆喝两声:"爆米花啦——谁来爆米花啦——又香又甜的爆米花啦——"

于是人们又轰地笑了。

实在闹得厉害的时候,老头也就忍不住笑了。他的笑是无声的。但因为不常见,就显得很珍贵。闹笑话的人就会格外开心。此时的人们在老头面前仿佛都成了一个个讨乖的孩子,老头的笑就成了一种难得的奖励。在他的笑里,有些好奇的人就有了问话的勇气。

"老师儿,你贵姓?"

都叫老师儿了,也都问贵姓了,可真够客气的了。要是那种活泛的生意人,肯定是会回答的。老头却仍是不回答。他只是笑笑。

"老师儿是哪里人?"那人仍旧穷追不舍。

老头这次说话了,再不说话就太不给人面子了。

老头轻轻地说:"有事吗?"

"随便问问。"问的人觉得没趣了。

老头就又沉默了。

老头有时也会趁着这个空抽一支烟。他靠着墙,慢慢地抽着,一口一口地吐着烟雾。他眯着眼睛,看着火光映闪中人们的脸。老常偶尔瞟一眼过去,就会看见,深蓝色的帽子下,是他刀刻一般的脸,眼睛陷在皱纹里面。老常看不清楚他的眼睛,只知道那眼睛是黑的,黑不见底。那眼睛也是深的,深不见底。

"哎,你这么叫人乱动你的东西,不怕他们给你弄毁了?"有时候,老常会这么提醒他。

老头不说话。

"自己吃饭的家伙自己不心疼,谁还会替你心疼?"老常继续唠叨着,自己都嫌自己啰嗦了。老头还是不说话。

这真是个不爱说话的老头啊,是个深沉的生意人。到后来,老常不得不这么认定。按理说做生意的人的深沉是只能放在心里,不能露在外面的。露在外面就做不好生意。可他的生意却又偏偏这么好,真是怪呢。

分明的,人们是越来越喜欢这个老头了,甚至都有些娇惯他了,生怕他不来似的。一到周六就开始到老常这里买白糖,还要问一句:"会来吧?"老常准准地答:"会来。"一看到老头的三轮车在巷子口安营扎寨,路过的人就会纷纷和他打招呼。他有时候会嗯一声,有时候就点个头。人们也都不计较。对境况不如自己的人,人们都是既难过又愉悦,既幸灾乐祸又悲天悯人。总之心情很复杂,表情却是很慷慨的。老常对这些人的心知晓得明镜一般,因为他知道自己的心,也是一样。

现在,他是说什么也不肯收老头的十块钱了。老头一定要给,他就塞给他两包"红旗渠"烟。一包"红旗渠"零售五块,他不让老头吃这个亏。看到老头偶尔抽上一两支,老常的心就会熨帖许多。有几次城管的人来盘问,他都替老头打了马虎眼。他说:"他来得少,不值得你们操心。你们抬抬手,不看僧面看佛面。他是我亲戚呢,乡下亲戚。"

5

因这老头和他的爆米花,周围的人们也突然变得有些亲近起来。在排队等候的过程中,孩子和孩子们玩在了一起,大人和大人们也拉起了家常。哪个超市的东西更便宜,哪个服装店在打折,哪家的麻辣烫更好吃些,永乐和苏宁的电器哪个更划算花色更齐全,谁家的保姆和主人勾搭上了,哪个小区丢的自行车最多……热热闹闹,兴兴头头。这些原本陌不相关的城市居住者,因着这小小的火,就聚起来了,就认识了。认识了才知道:有的就住在一个小区,有的就住得楼挨楼,有的甚至就住在一栋楼里,因为各自匆忙,所以几乎没见过面,或者见了面也不留意。于是都惊讶着,惊喜着,很快生出了一些情谊。这情谊虽然如微雨,湿一层地面就了无痕迹,但在城市这干燥焦枯的尘嚣里,这钢筋水泥的丛林里,能有微雨降落已经是小小的奇迹了。

口口相传中,这个爆米花的摊子越来越有了些名气。后来居然上了电视,抵达了最高潮的荣光。那一天,巷子口突然停了一辆电视台的车,车上喷绘的字样是"市民百态"。一个满身兜兜的男人架着摄像机先下了车,一个穿着火红羽绒服的漂亮女子随后下了车,一下来她就举着话筒在摄像机前呱嗒呱嗒讲了一个笑话,说现在的人都知道什么叫美国爆米花了,可是据说美国爆米花的技术还是从中国学来的。那一年,美国总统尼克松访华,晚上去北京的胡同遛弯,忽然听见嗵嗵嗵的礼炮声响,心想:"中国人民怎么这么热情啊,我溜达溜达还得给我放礼炮?"走近了才发现是做爆米花的。可他不知道什么是爆米花啊,就在那里看。看来看去明白了,对秘书说:"这个玩意儿可太好了,说什么也得把这技术带回美国去。"秘书说这玩意儿好什么啊?尼克松说:"你没看见这是个粮食放大器吗?能解决多少人的吃饭问题啊。"从此以后,美国人民才知道了爆米花,才吃上了爆米花。

排队候着的主顾们都乐不可支。

然后摄像机就对准了这个爆米花的小摊,对准了老头,女记者开始了采访。老常和主顾们都有些揪心地看着那个女记者,她可不知道这老头的脾性呢。

"师傅,您贵姓啊?"

老头不说话,自顾自地拉着风箱,摇着转锅上的手柄。

"师傅,您哪里人啊?"

老头仍然不说话。

"您老高寿啊?"

老头还是不说话。

女记者抿抿嘴。气氛有些尴尬了。老常替他们两个都着急:要是老头会搭腔的话,既不会把女记者晾到这儿,他也给自己的摊子做了免费广告。那事情该多圆满。这真是不怕瞪眼金刚,就怕闭眼菩萨。

可女记者不气馁。她蹲在老头的身边,继续和蔼可亲地问:"师傅,你为什么要选择做爆米花这个行当?"

这话可问得更不靠谱了。老常暗笑。为什么?还不是为了生计?谁拿这个活儿当毽子耍呢。这次老头没搭理她老常一点儿都不同情,换了自己也没办法搭理她呀。

女记者朝着镜头做了个鬼脸:"咱们这个老师傅还挺酷的。"又看着老头的手:"这么冷的天,你怎么不戴手套啊?"

人们轰地大笑起来。有人道:"他整天在炉子边,戴什么手套。"

女记者脸红了。不过真不愧是记者,她马上站起来,开始采访周边的主顾们。主顾们到底都是在电视前泡大的,都知道该怎么说。侃侃而谈地对老头夸赞了一番,对爆米花怀念了一番。等问到老头为什么不每天在这里固定摆摊,而是只到周六才来的时候,老常立马感觉到自己的思考派上了用场,从窗口探出头来,道:"谁家整天吃这个呀,又不是油盐酱醋。就得隔几天再回来才能在这儿倒腾出新鲜茬口,不然生意还不会这么好呢。其他几天嘛,他也不闲着。城市这么大,东西南北中,铁打的营盘流水的兵,他一天一个地儿,哪儿的钱都不耽误挣。"

女记者很满意。

一周后,节目播出,老常当然看了。编排得很细致,普普通通的巷口在屏幕上看起来居然很有韵致,都有些不像了。老头没说一个字,就只好放他摇转锅的样子。配上了喜气洋洋的音乐,老头的沉闷看起来也俨然是怡然自得。有的主顾的话被剪掉了,老常那几句话一句也没剪。他翻来覆去地想着自己那几句话,越想越觉得自己说得好,既通透又利落,有才。老常的窗口也上了镜头,"公用电话"四个字很显眼地在屏幕上晃来晃去,把老常的心都快晃悠醉了。外景结束,演播室里的女主持人又总结了一大串,说什么这是童年记忆中最动人的风景,这是乡村传统食品工艺在当代都市人中的心灵回归。其中还引用了两句诗:"就锅排下黄金粟,转手翻成白玉花。"

老常不由得点头,这文化人说出来的话就是不一样啊。

节目的结尾配曲是一首歌,主持人说特意在曲库里找了唯一一首与爆米花有关的歌,叫《爆米花的味道》。歌词很怪,是老常怎么也听不懂的那种怪:"是谁在主导,事情有些微妙……银幕再热闹,我却有小困扰……玉米在发烧,爆米花的味道……热情用大火烤,快乐在膨胀发酵……"

6

临近元旦的时候,这个城市下了入冬以来的第一场雪。下雪之前打了一个雷。老常吃了一惊。冬天打雷,虽说报纸上讲这是冷暖气流撞击产生的正常现象,就像两个冤家见面就得吵架,但到底是冬天,这总是有点儿玄妙。冬打雷,雷打雪。老话还是说得准。黄昏时分就下起了雪。雪片开始很小,人掌即化,小雨点似的。后来渐渐大了起来,飞着,飘着,跳着舞,有些像杨花了。暮色渐浓,先成了深蓝,然后是黑蓝。这时的雪片更大了,却反而下得笨重了,成熟了,沉静了。它密密地下着,直直地下着,一心一意地下着,下得简单明了,下得倔强执拗,下得一根筋,下得死心眼。

上过电视之后,这个老头的生意越发好了。只要周六下午他的三轮车一到,就开始有人排队。转锅一摇,除了等候的主顾们,还多了些看热闹的。有时候都里三层外三层的,似乎在欣赏着什么难得的西洋景。有什么可看的呢?老常一边纳着闷,一边也忍不住把头伸出来,伸长了脖子瞧着那个不动声色的老头千篇一律地拉着风箱,摇着转锅。一板一眼,稳如泰山。

大雪中,还有几家主顾等候在炭炉旁,偶尔说几句话。有人从爆米花的摊子走过,脚踩着雪地咯吱咯吱响。纷纷漫漫的雪中,老头一如既往地忙碌着,他的帽子白了,帽子盖不住的那些头发梢也白了,衣服上挂着一层梨花。围在炭炉边的人们一边听着风箱的响动,一边清清楚楚地看见:一个一个雪片义无反顾地投身到炭炉蓝紫色的火焰中,一瞬间就和火融在了一起。这雪花也有个去处呢。老常忽然起了一个迟到的忧虑:这个爆米花的老头,他住在哪里?当这个偌大的城市打了烊,所有的街巷都寂静了下来,这个异乡口音的老头,他会去哪里?

深夜,打发走了最后一个主顾,看着老头收拾好摊子,老常叫住他,从窗户口探出头说:"给你续点儿热水。"

"不用了。"老头说。

"你要是再这么客气,往后就不准你在这儿了。"老常几乎是有些撒娇地威胁道。老头笑了笑,把杯子递过来,老常满满地给他续上了水,老头喝了两口。这让老常很畅快。不是有个好词叫雪中送炭吗?他做的好事是雪中送水。谁让这个老头不缺炭呢。

"下午打雷了。"老常说。

"听见了。"

"到黄昏就下了雪。"

"可不是。"

"你住得离这儿远吗?"

"不远。"老头说。老常知道他准会这么说。

空气清凉,爆米花的芳香淡淡的还在。其实也没有什么可聊的。两个老人就这么站着,一个屋里,一个屋外。一个窗里,一个窗外。一个雪里,一个雪外。一个是落寞,另一个还是落寞。

"哎,这老天爷,又打雷又下雪,是不是也在天上爆米花呢。就是这雪做的爆米花存不住,没法子吃。就是能吃,它也不甜呐。"老常突然说。他为自己的比喻得意极了。

"比方得好。"老头看着雪,夸赞道。

喝过了水,老头把小红塑料盆里的几块大米糕塞给老常,骑上了三轮车,朝老常挥了挥手。老常心满意足地关上窗户,一遍又一遍地念叨着自己刚才的比方,不由得笑了又笑,孩子一样。

7

今天又是周六。明天就是元旦了。本来元旦这个节就有些尴尬,说长不长,说短不短,去旅游吧,总共三天,时间不够。又都穿得厚厚重重的,不方便。说喜兴吧,又是个小喜,再过不多日子就是春节,春节才是大喜。就算有点儿念想和激情也都是给那个时刻预备的。且眼下这个元旦又正好混在双休日里头,就过得更没劲儿了。

当然,终归是个节。能多放一天假休息休息,总是好的。伸长胳膊伸长腿睡了一天,没事可做,就有人拎着东西来做爆米花了。现在,这周围的人做爆米花已经不单单是为自家吃,给朋友带的,给单位同事带的,都有。又便宜又香还有些名气,都成了联络感情的一样特产了。

一切都和往常一样,人们排着队,等着爆自己的那一锅。老头去白铁方盒子里切米糕的时候,叫上来个主顾替他拉风箱摇转锅。笑话还是不断地有,人们还是不断地笑。老常的脑袋一直往外探着,也不觉得冷。亏得这个老头把摊子开在了自己的窗户边,他想。要不,这个冬天和以往的冬天一样,该多没意思啊。

轮到一个年轻女孩子替老头拉风箱摇转锅了。女孩子穿着一件天蓝色的羽绒服,围着白色的围巾,明眸皓齿,怎么看怎么顺眼。就是拉风箱摇转锅的样子也好看。自然,她也是做不好的。只摇了两下就站起来,说:"我不行,我不行。谁替替我吧。"

"我来。"一个男人说。这是个看热闹的年轻人。他高高瘦瘦的,穿着一件蓝黑色的棉夹克,一顶深蓝色的鸭舌帽。在马扎上坐下来的时候,他把帽子往脸上压了压,一手拉起了风箱,一手就摇起了转锅。一圆一线,两手并用。从第一个动作开始,就干得极为流畅娴熟。

"嘿,这个小伙子真是不错。"有人喝起了彩。

老常连忙把脑袋伸出来,看了两眼,也夸道:"还别说,我看了这么多人,这个小子是头一份。"

正在白方铁盒子那里切米糕的老头停下了手,转身看了看那个高高的男人。炭炉的火光忽闪着小伙子脸上隐约的轮廓。老头取了一支烟,走到小伙子身边,停了片刻,敬了过去,说:"你多拉几把,我去上个厕所。"

"得了。你去。"小伙子说。他拉得越发起兴了。

老头朝巷子口去了。出了巷子口往右拐,就是厕所。大约五六分钟的样子,他回来了。他先来到了老常的窗户边,道:"借根绳子。长点儿的,结实点儿的。"

老常想问问他做什么,又想起他素日的脾性,就噤了声,转身从屋里找了条绳子给他。递绳子的时候,老常看见老头的手有点儿哆嗦。这离开炉子才多大会儿?看来他也是不禁冻啊。老常想。

老头拿着绳子来到了炭炉边。小伙子正有些厌倦了似的,看到老头,就连忙站起了身,一边给他让座,一边道:"快好了。"老头不说话,他沉默着,和年轻人面对面站着,朝着年轻人的脸看了一眼,又看了一眼。年轻人意识到了什么,转身就要跑,就在这一刹那,老头抡起了炭炉上的转锅,朝年轻人砸去。年轻人一转身,转锅砸在了年轻人的背上,棉夹克发出一阵激烈的刺啦声,随即一股焦糊味向四周冲击开来。然后,转锅骨碌碌地滚落到地上,火星噼里啪啦地闪耀着。周围的人都惊呼着退开,却又舍不得退得太远。只见老头转手就把年轻人的手扳住了,然后绳子便上了年轻人的脖颈,年轻人挣扎着,踢打着,老头则把整个身子都扑上去拧着。两人绞缠在了一起,拼死地斗着,咻咻地喘着粗气。难舍难分。

周围的人都呆住了。

一阵尖利的警笛声响,110到了。

"我的米花。"在老头就要跨上警车的时候,年轻女孩低声嘟囔。老头闻声折回了头,他捡起转锅,又放在了炭炉上,重新坐定,一手拉起了风箱,一手摇起了转锅。他拉啊拉,摇啊摇,拉啊拉,摇啊摇。主顾们都静静地站着,看着他。除了风箱声和转锅声,这个世界一片安寂。

不知道过了多久,时辰足了。老头不慌不忙地站起来,把烧得肚皮白亮的转锅从炭炉上取下,锅口对准上铁桶下麻袋的那件黑物事,用一根铁撬杠稳稳地插进锅口的阀门开关上,身子微微后倾,用力一踹。

轰!

老常和周围的人一起捂住了耳朵。看爆米花一年了,这是他第一次捂耳朵。

8

第二天,爆米花的老头没有来。他的三轮车还在老常的窗底下放着,炭炉已经灭了。那个上铁桶下麻袋的物事还在地上零乱地摊着,大小两个红塑料盆也还在那里,还有那个矮小的马扎。新年喜洋洋的气氛里,这一堆没有主人的东西显得特别落魄,一副无家可归的孤儿神情。老常把它们归置了归置,收拾到了自家的地下室。他知道只要老头来,就会来找他要。他替老头收拾起来,也算是处了一年的交情。

周围的人也都惦记着这个老头。每次去老常的窗户那里买东西,都要问一句:"他来了吗?把东西取走了吗?"老常总是免不了发一番感慨,认真地回答几句。他想,只要这个老头来取东西,总会把那天晚上的缘故讲给他听。——替他保管了这么长时间的东西,让他费点儿唾沫讲讲他自己的故事,不算过分吧?怎么着都不过分呢。

然而老常再也没有见过这个爆米花的老头。那个老头始终没来。

那天,社区警务室的片警来买烟,老常试探着朝他打听那个老头的事,没想到他还真知道。他说那个老头家在豫南,是个县政府的机关干部,临退休那一年,他跑出租的女儿被人劫杀了,案子早破了,人却总是逮不住。老头去催,公安局说警力不足,不能把精神头儿都放在这一件案子上。老头就提前办了退休,开始捉凶。来这个城市之前,他已经走过了六个地方。六年没回家了。六年里,他就带着这个爆米花的摊子四处游荡,他老婆蹲在老家负责打探仇家的消息,听说仇家在哪里就告诉他,他就去哪里卧,一卧就是一年。没想到还真在这里遂了愿。

"那,他干吗非得设这么个摊子?"老常懵懂着,眼珠子都要掉出来了。

"他仇家家里原来就是干这个的。"片警说,"这个老头,心里可有功夫着嘞。"

"我还替他存着东西呢。"怔了许久,老常说。

"你该扔就扔,该卖就卖。"片警笑了笑,"依我看,他不会要了。"

片警走后,老常关上窗户,来到地下室。他拎起那个黑乎乎的转锅,在手里上上下下地掂了掂,似乎特别重。

老常激灵灵打了个寒颤。他突然感觉到有一种说不出来的冷。

创作谈：

那第一个字

前些日子，一个朋友从家乡的县城过来看我，带来了她刚刚做的爆米花，说是在自己家门口做的。爆米花的味道很好，又香又甜。我向朋友表达了由衷的谢意。朋友说："就是让你尝个鲜。我知道在大城市的人轻易已经见不到这个了。"她说那个老头每周六都要去她家门口摆摊，从下午一直待到晚上，生意很好。

朋友说得没错，生活在郑州的我确实已经有很多年没见过这种爆米花和做爆米花的人了——用这种最原始的工艺。县城很小，介于城市和乡村之间，所以仍有爆米花的摊子存在，是合情理的。童年的记忆一下子涌至眼前，返青到脑子里却是诸多疑问：那个摆摊子的老人，面对着各种各样的主顾，他是怎么想的？对于这个古老的行当，他是喜悦、依恋、厌恶、无奈，还是有着淡淡的羞耻？或者是兼而有之，五味俱全？还有那些提着大米白糖和食用油去做爆米花的人，他们都在想些什么？现在什么零食没有，他们为什么还要吃这土之又土的爆米花？是怀旧，是因为太旧了反而稀罕，还是因为它制作的过程如此诚实，让人信任？或者，是因为，一群人围在一个炭炉边，等待着食物慢慢成熟，这情形会使陌生人之间也有一种短暂的然而也类似于家人的和暖？……胡思乱想之间，就萌发了这篇小说的种子。

不过，我明白，用这些料去养一个小说是不够的。虽然温馨，可这种温馨往往会显得单薄，甚至矫情。我知道严酷的冰层下常常会有春水激滟，如老常和老头之间的情义，但我更知道，柔情脉脉的面纱之后，往往也有严酷的冰层，如老头和凶手之间的孽债。于是，这小小的爆米花摊子成了我幻想的一个舞台，老常、电视台的女记者和主顾们都是演员，是配角——不，主演不是老头，是最后出场的在逃犯。沉默寡言的老头呢？他是导演。

生活是编剧,我是观众。

于是,就有了如此的层次:浮在空中的爆米花的芳香,缤纷琳琅的情愫和言语,炭炉蓝紫色的火焰,老头脸上的黑煤灰,从窗口递出去的一杯热水,绵绵不绝的深夜大雪……还有一些斑驳的底色:一个年轻女子的青春、鲜血、生命和不幸,一个流亡者的孤独、恐惧、惊惶和软弱,一个追凶者的坚定、顽强、苦难和艰辛。有一段关于雪的描述,其实是我写给这个老人的:"……暮色渐浓,先成了深蓝,然后是黑蓝。这时的雪片更大了,却反而下得笨重了,成熟了,沉静了。它密密地下着,直直地下着,一心一意地下着,下得简单明了,下得倔强执拗,下得一根筋,下得死心眼。"

我喜欢他的一根筋,喜欢他的死心眼。虽然,在喜欢的时候,也心疼。

爆米花,我还喜欢这三个字的节奏。重与轻并存,力与美同在。而在这三个字里,我最喜欢就是那第一个字——爆,它是整个小说的灵魂。我喜欢听这个字被落实时"轰"的那一声响。那个声音,是爆米花炸响的瞬间转锅内心的声音,是小说结尾处老头看到仇人时内心的声音,也是流亡者被老头确认时内心的声音……这些声音的繁复与多重,构成了这个世界在我内心的真相。

第三辑

一个下午的延伸

一、乡村教师的散文写作

张庆国(《滇池》主编,以下简称张):我们很轻松地聊聊,从你的生活聊起吧,你是哪里人?老家在哪里?

乔叶(以下简称乔):我老家就在河南。

张:你是河南哪里的?

乔:我老家是焦作的,豫北的。

张:说说你的工作,你原来在哪里工作?

乔:我没上过大学,初中毕业就上师范,读的是我们的焦作师范,现在是师专了。1987年它还是师范学校,那时候我14岁。我学习成绩蛮好的,当时,师范学校特别热门。对农村的孩子来说,中等师范学校更热门。我的家在农村嘛,家境不算好,也有些重男轻女。爸爸说女孩上师范省了家用了,不用上高中。上高中确实也很有风险,不一定能考上大学啊。上初中,然后上师范,等于说就有了铁饭碗对吧?那时候不是还分配工作嘛,我1990年毕业,就当了乡村教师。

张:是在小学还是中学?

乔:小学也教过,中学也教过。

张:那个小学是什么规模的学校?

乔:我不是写了个小说叫《拆楼记》嘛,写的就是我们那个张庄,它原来叫大北张,就是那里的小学,我在那里教书,规模不大的,每一个班只有三四十个人,但它是一所完小,就是完全小学。

张:一个年级有几个班?

乔:一个年级有一个班。

张：那就是说整个学校六个年级，共有六个班？

乔：我们当时好像还不是六年制，是五年制，共有五个班。我属于什么都教，杂家。语文、数学、历史、地理都教，因为教师少呀，搁哪儿你都得对付，让你教音乐就教音乐。让你教体育就得教体育，师范毕业的学生都是全才，什么都有一手，我那时就什么都教。

张：哈哈，还教音乐。那一段教书，有多长时间？

乔：教了4年。我换了好几个学校，先教小学，后来教中学，后来又教小学，来回换了几次。

张：在乡村学校工作，是一种什么感觉？

乔：在乡村学校里是比较寂寞的，没有人可以对话，也没有合适的男人可以谈恋爱，就自己胡思乱想写东西。我从那时候开始写小散文，写生活散文。

张：文学对抗寂寞，一个女作家就这样破土而出。以前，你没有想过将来当个作家？或者通过写作改变人生？

乔：有，偶尔也会有，有过这种朦胧的想法。

张：以前就喜欢写作，还是喜欢阅读文学作品？

乔：喜欢读书，也喜欢写作，也想过将来能当作家多好，但还是蛮遥远的念头。

张：脑袋里一闪而逝的东西是吧？

乔：是的，青年人总会有类似的念头，不过，还是觉得先要踏踏实实地工作，还是要以生计为主。慢慢地，写东西才多起来。1993年写的比较多，后来，渐渐地在地方上有点影响了。

张：什么影响？

乔：我最早写的作品，主要在我们焦作那里发表，影响仅限于我们市，以后，我们焦作日报社副刊部有个老师姓刘，刘老师跟我说，可以去外面投一投稿。原来，我不知道外面的世界有多大，后来投出去，在《中国青年报》发表了，我们那里订有《中国青年报》。

张：当时，对你来说，《中国青年报》就是外面的世界。

乔：是的。

张：那时，你发表的作品，是散文还是小说？

乔：都是散文，那时不懂小说怎么写。

张：一般有多长的篇幅？

乔：都是一两千字的，短短的，就是报纸上那种豆腐块儿，写得非常多，创作热情非常大。有时候几乎每天一篇，一周能写个七八篇。《中国青年报》在1993年开始发我的散文，发了很多，它是全国发行量比较大的报纸，这样就产生了在全国的连锁反应，影响扩开了。

张：在外面有了影响？

乔：是的，主要是通过共青团这个平台，你想想，每个省的团省委，都有青年刊物是吧？他们就跟我约稿，发表就很顺利了。发多了以后，就出书，1995年以后，我就开专栏了，在各大报纸开专栏，反正很顺利的，1996年，我就出了第一本散文集。

张：真是发展得很顺啊，你这根女作家的树苗，就这么自然而然地长大。有些人不是这样，在乡村拼命挣扎，很曲折的，他们有发表作品的困难，有文学认识的困难，听你讲起来，你好像就没有什么困难。

乔：当时我写的散文集，文学上的认识不怎么深，也不会想那么多。

张：你的第一本散文集叫什么？

乔：《孤独的纸灯笼》，我们那一批写的作品，媒体都命名为青春美文。

张：书名很文学的。

乔：我，包括祝勇、叶倾城，我们都差不多在那个时候出来，都是一茬的。后来我就写散文写得太多了，1998年那一年我就出了4本散文集，到2001年我调到河南省文学院的时候，已经出了7本散文集，当时还不到30岁，哗哗哗写。

二、一个下午的延伸

张：是啊，一棵年轻的树，就这样嗖嗖地蹿大长高，你从学校直到调到了河南省文学院吗？

乔：没有，我在学校工作了4年，然后先调到了县委宣传部。

张：那也算高升了呀，很多农村的青年作家，就是这样走出来的，先在学校教书，后来到乡镇做干部，再后来到县城，都是这样的发展轨迹。不过你比他们更顺利，直接就调进了县城。

乔：对，我开始在村里、乡里教学，我们的乡党委书记去县里当宣传部部长了，知道我会写东西，就把我调到了县里面，我在县委宣传部做新闻干事，写写新闻稿，跟写作也算有点关系。

张：在县委宣传部干了几年呢？

乔：在那里做了4年，我们的主要领导，觉得我还蛮有才华，就提拔我当了县文联副主席，做了三年，然后省里面调专业作家，就把我调过去了。当时我还不到30岁，蛮年轻的。

张：是啊，你看看，真是哗哗哗地成长，当了县文联副主席，接着就调省里当专业作家了，才30岁不到啊，有些地方，快50岁了还认为不成熟，河南省不一样，机会是多些，对人才很重视。

乔：回想起来就是这样，自然而然就过来了。

张：你原来不是写散文吗？怎么写起小说来了，因为进了文学院做专业作家，就写小说？

乔：一开始没有，是我到了文学院以后，慢慢发生变化的。文学院有一个创作小说的氛围，我们省的小说实力还蛮强的。

张：我知道，河南省的小说创作成就很大，河南省在中国作家协会的大楼里，举办了一个研讨会，叫"中原崛起"，推荐的作家好像有几十个，一大群作家啊。

乔：我们河南的李佩甫老师等等，这些都是干将，另外，中坚力量还有李洱等一批作家，李洱现在调走了，在北京的周大新、阎连科、刘震云，这些都是我们河南籍的作家，我们整个的文学传统很丰厚。

张：还有刘庆邦，他也是从河南调出去的，中原故土嘛，中国文化的渊源之地，各种人才，包括作家，真是一茬茬地出来。河南作家为中国文学做出了重大贡献。

乔：然后，我到了鲁迅文学院，大家研讨的全都是小说，慢慢受这个影响就开始写小说了。

张：第一篇小说是在哪里发的？

乔：1998年的时候，因为写散文比较多，偶尔会想着要写一个小说，那时写的也不知道是不是小说，1998年写了个短篇，就自己投给了《十月》。我也不知道《十月》有多高的要求，真是特别感谢《十月》，他们发表了我的小说，我完全是自然来稿，不认识他们那里的任何人。

张：也没跟《十月》的编辑联系过？

乔：没有联系过啊，可他们的一位老编辑，看了我的小说，认为好，就发表了。

张：那是一个短篇还是中篇？

乔：短篇，叫《一个下午的延伸》。《十月》的那位编辑老师叫田增翔，现在他已经退休了，至今我都没有见过他一面，他从如山的自然来稿中，挑出来我的作品，这样我就发表了第一个小说。

张：还是在《十月》杂志发，确实不容易，很神奇的经历，《十月》的自然来稿很多，从自然来稿里面出来，真的不容易。

乔：很难，很难！后来见到《十月》的主编王占军老师，他还对我的稿子有印象。他说："哦，就是你呀！"

张：在《十月》发小说的时候，你在哪里工作？

乔：还在县委宣传部。

张：在《十月》发了小说，县里就震动了？

乔：没，没有多少人知道，我也没当个事，当时是偶然的兴致所致，写了一篇小说。后来就没怎么写。因为，当时我主攻的是散文，散文写了很多。我写散文得过"河南省文学奖"，其他奖也是因散文获得的。

张：后来才开始转向小说写作？

乔：后来去了鲁院，想写小说了，我首先写的是长篇小说，叫《我是真的热爱你》。在《中国作家》发了头条，也蛮顺利的，但我自己知道，那小说写得很不成熟。

张：什么题材？

乔：写的是小姐，风尘女子的事，我就是听人家讲小说听得太多，就觉得自己也来写个小说吧，还觉得能写，还觉得能写长篇。开始写以后，李佩甫老师问我："你干吗呢？写小说没有？"他是我们文学院的院长。我说写了，写了个长篇。他说："你应该练练中短篇。"我说："我觉得能写长篇！"他无语，就说，写吧。

张：对啊，不是很顺嘛你，散文哗哗地出，小说写一个，《十月》就发了，再写，那不就是长篇了吗？有什么不可以的？年轻作家都这样，你就没有感到困难吗？

乔：其实，我写到半路，就知道李老佩甫老师说得对，应该从中短篇开始练，因为完全没有技术基础嘛。以前写那个短篇，给《十月》是很偶然的，完全兴之所至。其实，写一个长篇小说，需要很多的琢磨准备，像我这种白手起家的，无知者无畏，就上去了，挺冒险的，但还是写完了，反应还不错吧。但我自己知道，已经领受了教训。后来，2004年时，我去读鲁迅文学院的高研班，静下心来研究，就不一样了。高研班你知道吧，你读过没有？

张：我是2003年读的。

乔：哦，那你是师兄。2004年我去鲁迅文学院，就是冲着中短篇小说创作去的，开始把我分到散文组，我坚决要求分到小说组，我的导师是李敬泽老师。当时分小组，六七个人一个小组，我觉得很受益。因为这才发现自己根本就不懂小说，从那时开始，才慢慢理解了小说。

三、散文由实写虚，小说从虚写实

张：是的，小说跟散文，思维方式不一样，表述当然也不一样了，散文写的是"我"，小说写的是"他"，我周围有的朋友，散文写习惯了，写小说总是"我"，总是自己经历的那点事，我不是说自己的经历不能入小说，是思维方式就完全不对。但写中短篇磨炼一下，再写长篇肯定好些。

乔：我从2004年开始写中短篇小说，也挺顺的，就一路得奖什么的。2004年，在《人民文学》发了小说，后来才知道挺不容易，好多人，写了多年，在《人民文学》就没有发过一个小说，我当年写当年就发了，我这个幸运，是过了才知道，蛮迟钝的。

张：不管怎么说，发了总是很激动，对吧？

乔：激动是自然的，但也不怎么样，总的感觉是发就发了。

张：写了嘛，总要发，是这种感觉？看看，你跟别人真是很不同，别人是很着急却发不了，发了以后激动得不行，天都要塌下来，你是写了就发，发了也就发了。你这个创作经历，值得总结一下，其中有些道理值得研究。

乔：我也没总结和研究过，反正就那样写来。

张：我是说，你看，有些人，读很多，研究很多，有一脑子概念和设计，人生的思考和文学的思考等等，写出来却不是那么回事。你是一条小河，从乡村流出来，进入大河，再流向远方，顺顺当当，有的人却一下子就流进堰塞湖去了，这里面有道理的。

乔：你说是什么道理？

张：文学，小说也好，散文也好，最重要的东西是生命本身，人的经历、情感、人与人之间的关系，土地、河流与村庄，抓住这些构成世界最根本的内容，文学的技术和思想才有用。可是，有些人的写作，把自己的切身经历与生命体验忘记了，把亲眼所见的世界忘记了，从书本到书本，从别人的作品到自己的作品，就麻烦。当然，其中还有你的个人禀赋，这也是学不来的。

乔：我是过了几年，跟搞文学的人接触多了，大家谈起自己的经历，才知道多么不容易，我也才知道自己挺顺利。

张：你写散文写了相当长一段时间，后转向写小说，在小说和散文之间，你感觉有什么不一样？

乔：每个人的感受可能都不一样，就我个人来说，小说更具有挑战性，更有意思，更有趣。散文还是以写实为基础，我觉得，散文就像朋友聊天。这朋友不是特指的，可能就是自己跟自己聊，反正是以最放松的方式去说话,说自己最真实的话,就是散文。它不要多强的形式感,整个文体的处理也比较平面化。但小说是一个很立体的东西,它要求一个完整的事件,就整个的构造来说,写散文像盖一个平房,写小说像盖一个高楼大厦。写小说要打地基,技术要求高,难度高。

张:散文写好也不容易。

乔:是的,散文要写好,也难的,我方才说那些话,就怕得罪一些散文作家,但这确实是我的体会。

张:散文易写难工对吧?

乔:对,易写难工。

张:看上去简单,但是,因为简单,所以特别难写。那些伟大的散文,跟伟大的小说一样给人以震撼。你看美国作家菲力普·罗斯的《遗产》,写父亲死前两年的日子,是最日常的生活内容,真实,没有任何虚构,但很震撼。

乔:是的,小说和散文要写好,都相当难。不能说小说虚构,散文非虚构,其实小说它最本质的东西也是非虚构的,以虚构的形式来说非虚构的话,所以也很难。

张:你说到一个关键的问题了,小说的虚构是建立在非虚构的实在人生基础上,同时,小说的虚构又是为了更加非虚构地揭示人生。虚是为了更实在,更强大,这说起来有些绕,但兴趣的人可以去琢磨。反过来,散文呢,看上去是非虚构,但既真实又好的散文,却能通过真实而狭窄的人生事件,写出生命的迷离和开阔。

乔:小说和散文,两种文体都很可爱,都很有意思。现在,因为我更着迷于小说,所以觉得小说更有挑战性,更有探索价值。我自己有个比喻,说散文更像睡衣,要穿得很舒服,料子要很好,最起码它对形体没有更多的要求,没有那么的严格。写小说,像做旗袍一样,它要贴身,要做出形式感来,也要穿着舒服,对一个作家来说它要求更全面,它可能更有难度些,也就更有意思。

张:你这是女作家的比喻,男作家可能会比喻成河流和高山什么的。

乔：所以，现在，写完一个小说，给我带来的成就感就更大些。你看，小说可以独立出来，去拍成电视剧，或者电影，它相对完整。散文，你就很难拿出来做个话剧，要把它再做成个影视作品，更困难，它比较平面。

张：现在你小说写得多，体会也就多，理解也深了，你觉得小说要写好，应该注意什么？

乔：我首先更正一点，我的第一个长篇《我是真的热爱你》，虽然写得非常幼稚，但现在反过头来看，也觉得蛮可爱。它有一股真气。

张：对了，真气，这个词用得好，刚才我不是说你的写作值得研究和总结，那么顺，为什么？说到底，我觉得就是你的作品中真气体现得明显。有些人的作品造作，是因为缺乏真气。可真气是什么？诚实？可靠的人生面貌？应该都有些吧，这就复杂了，要有人去做专门研究。

乔：虽然那时我不懂该怎样写，但是那时有一种天真烂漫之气。后来我还写了一篇创作谈，叫《我和小说的初恋》，虽然也蛮生涩，但也有真气，也蛮可爱的。现在，我算是比较成熟了，如果拿谈情说爱来说，算是个老手了。没有了当时的那种激动，那种兴奋感，但比较充沛了。比较理性地说，我像个厨子，现在做一个菜，非常清楚该怎么做，要什么火候，理性比较强了，感性我觉得也还行，理性是从技术层面说，我经验多了一点。

张：其实，困难从这个时候就开始了。

乔：是啊，这个时候开始的困难也许才是真正的困难。你要说怎么写好？这很难说，好的小说有各种形态，很难去完全总结。有的可能就是语言感觉好，小说就立起来了，有的结构好，有的是智性写作，思想性很强。有的小说写得干巴，写得干巴就是智性太强，但是有智性立着，有骨头立着，也是很好的小说。你要说小说思想性很强，又感性很好，理性很好，这种小说是比较少的。

张：你喜欢哪些人的小说？

乔：毕飞宇老师的小说我特别喜欢，苏童的也喜欢。我觉得江苏太厉害了,毕飞宇和苏童,我觉得都是小说大家,写得好。阿来也挺好的,还有迟子建、王安忆。他们的创造力和创作生命,特别旺盛,很饱满。这个状态我特别羡慕,他们不是偶尔写一个,而是几十年保持下来了,我太诧异了。我觉得,理想的状态就是跟他们一样写得好,而且能写得很长久,我希望自己将来也能好一点。

张:你现在主要写的是中短篇小说对吧?后面好像还写过别的长篇?

乔:那些长篇是比较惭愧的,有些长篇,就是中篇,五六万字,出版社说想出个小长篇,我就会把它们撑出个八九万字来,或者两个中篇合个小长篇,出完以后自己都不敢看,很羞愧。近几年像样子的基本都是中短篇。今年,我准备出的《拆楼记》,是个非虚构小说,我觉得形态还比较完整,是我自己比较成熟的一个作品。

张:《拆楼记》我看《小说月报》选了,它不是长篇吗?

乔:它分上下两部,《小说月报》选的是上半部,它还有下半部,后来就出了个单行本,去年获了"人民文学奖"。

张:等于说《人民文学》发了?

乔:《人民文学》发了,分两期发的。

四、有计划的阅读

张:你在小说的阅读和研究上,有些什么体会和建议?

乔:你提的问题都好大呀!

张:哈哈,你看,问题又出来了,你刚才这句话很有意思。按照我的习惯,这个问题不算大,很正常,可是你却说我的问题提得很大,也就是说,你是从生活中的具体事件出发来写作,小处着笔,自然而然,顺理成章。好吧,这个问题就不深入讨论了,留给那些感兴趣的朋友去思考。说说你读过哪些作家的作品吧。

乔:我现在读的书挺杂的,以前读的比较单调,就是小说。最开始的时候,因为想知道小说怎么写,主要研究国内的小说,主要从我自己的地域出发，研究河南的小说，这就是我有目的的阅读。

张：你的阅读与研究很朴实，很本真。

乔：我想知道，在我们的地域传统中，文学是怎么延伸的？我处在哪个点上？所以，从二十世纪五十年代的河南作家开始读，李准呀，再读到李佩甫等等，一直读到现在的李洱，基本上该读的都读了。读了以后，我开始以河南为圆心，读些国内一线作家的作品。

张：哦，很有方向感的阅读。

乔：我还分析了主流刊物《人民文学》《小说月报》《小说选刊》，我把它们的小说都拿来读。2004年，主要干这些事。然后就开始写，知识面扩大了以后，开始读国外的东西了，以前读国外的很少，现在读国外的比较多了。

张：你看，由点到面，由内向外，很有计划的。

乔：以前光读国内外的小说作品，现在，我也读社会纪实类的作品了。相对阅读面宽多了，还会读哲学性的作品，像读奈保尔的"印度三部曲"，它不是小说但也非常好，这些东西，我觉得很震撼，然后社会学的东西也会读，它对写作的作用，不是那种立竿见影式的，但能拓展我对社会生活的认识面和深度。

张：奈保尔的"印度三部曲"，很故事化，又很碎片化，是严格的记录与思考，写出了印度种族与文化的繁杂，说它是散文吧，不错，但它的内容和力量，远超过我们对散文的理解。

乔：我觉得，对这些作品的阅读，会慢慢渗透到一个作家的写作中，作用非常慢，但是很重要，这种影响必不可少。所以，我觉得阅读一定要杂，然后，你的作品才有可能丰厚，要不然，你就可能只写那点小情小调，很容易写些像张爱玲说的那种"肚脐眼文学"，只看到自己的肚脐眼。这个挺可怕。李佩甫老师要我宽一点，再宽一点，他经常这样教育我。

张：你现在是专业作家吗？

乔：专业作家，对，但我还兼任我们河南的省作协副主席，还兼任我们《散文选刊》的业务副主编，所以，每个月我也要抽出几天时间编刊物。

张：《散文选刊》是月刊吧？

乔：是月刊。

张：有几个编辑呢？

乔：我们有六七个人。

张：你们每天去上班？

乔：我们不每天去，但每个月定稿的时候，要把整个稿子统筹一下，要开编前会，工作蛮具体的。

五、真与假

张：刚才你说了写作最初的激情，最初的真实感情，后来开始关注技术问题，关注阅读，那么，思考也就更深入和更多了，现在，关于文学，你会想些什么问题，你觉得文学写作中，什么最重要？

乔：以前也有人问我的写作观点，我觉得这问题比较大，我以前写过一篇创作谈，谈到了我的写作态度，我觉得，诚实是写作的第一道德。

张：我也非常同意，因为中国有些作家已经……怎么说呢，已经……

乔：非常习惯于说谎了。

张：对！习惯于说谎。对写作技术的重视，从1990年以来，从先锋小说起来后，整个中国小说就开始补这个课了，大家都还比较重视。这当然不错，不过，后来，先锋小说衰落了，因为里面没有诚意。你技术不技术，都没错，关键是诚意，写作没有诚意，那就完蛋。

乔：然后特别花哨，形式感太强了。

张：对，特别花哨，就像一个人打扮得不错，他没有真情，跟朋友的交往就有距离，跟读者也有距离。上次我和几个朋友聊天时，说到美国的一个作家叫卡波特，你知道的，他写了一个非虚构作品叫《冷血》,很成功,但那个书出版没几年,他就自杀了。他是那么成熟、智慧的一个作家,在美国上流社会混得很油,但是你看,为了一本书,他陷进去了。

乔:他进入得很深了呀。

张:国际上很多真正一流的作家,他们进入自己的作品,都是很深的,如果你不动真情,就算有技术也挽救不了你。

乔:我觉得好的作家、好的演员进戏太深的话,他是会被作品的情绪影响的。

张:卡波特的那个书写完以后,他就再也写不出别的东西来了。

乔:是的,是这样。

张:于是自杀了,他为了那本书的采访调查,约着另外一个女作家一起陪着他去。那个美国女作家,写过《杀死一只知更鸟》的小说,很出名,他们两个后来都写不出来别的作品了。

乔:所以,现在由非虚构写作引出的热潮,引起的各种社会反响,我觉得也很正常。

张:对,小说的技术含量大些,但如果以为技术能解决一切,便丢掉了诚实,就错了。好的非虚构作品能引起读者关注,引来较大的社会反响,原因就在于此。你面对一个真实而特殊的事件,很难不动情,但面对一个虚构作品,着迷于技术控制,有可能真情会有所忽视。

乔:从先锋小说开始,到小说的现实主义、新写实主义,一步步向大地深处走。现在的非虚构,连小说的形式感都不要了,直接非虚构,更面对现实,其实,就是读者对诚实的要求、对写实和现实的要求更贴近了,读者要求作品和现实产生特别密切的对话关系。

张:我觉得,中国现在的文学,开始回到最基本的东西,就是说,文学最基本的东西被提出来了。以前,我们不是革命嘛,思想嘛,教育人民、然后伤痕、反思一路来,再就是技术的追求,文学最基本的东西不是没有,是没有来得及认真面对。什么是最基本的东西?一是真情,二是真实可靠的生活内容,还有就是作家对所写事件的基本认识。有了这些,文学的技巧才能派上用场,没有的话,怎么做都不行。

乔:日本作家大江健三郎,还有村上春树,都说到写作和读者的关系,应该是大江说的吧,他说写作就像写一封给读者的信,无论写小说、散文还是诗歌,都是写信人与读信人的关系,你写信时怎样把信写好,怎样把信息传达给读信人,然后让他们接收,怎么做到尽可能减少信息的流失等等。当然你不可能让读者百分之一百地接收到信息,有可能你写了百分之百,他只读出百分之二十来。一般来说,你写出来,传达出去,这个过程都会有所流失,你写了百分之百,人家能读到百分之八十,就很好了。这取决于写信人的努力程度、技术程度等等。可能,我们有些作家太重视花言巧语了,把形式感做得很足,但信息却非常少,甚至没有,完全被形式感和花哨感遮蔽掉了。或者自己都糊涂了,不知道究竟在写什么,就把信发出去了。

张:所以读者有意见,读者虽说不出来有什么问题,但会觉得没感觉,没意思。

乔:读者无法跟作家呼应。其实我觉得,不管你表达什么样的感情,首先要真诚、诚实,我觉得这确实是最基本的东西。我觉得,我们每个人,都很容易陷入谎言,很容易陷入主流话语层面,会不自觉地说谎,很真诚地自欺欺人。前不久,我去云南楚雄,给少数民族作家讲课,也谈到这个问题。什么叫很诚实地自欺欺人?就是他们有虚伪性,但自己不知道。比如,一个大人,写首儿童诗,作为范文在网上贴出来,以儿童的口气,写什么窗外是一幅画,妈妈和孩子在看这幅画,什么白云朵朵,鲜花一片一片,孩子要把纸扔到窗外,然后妈妈劝说他,孩子领悟道:"呀,祖国是一幅美丽的图画!不能弄脏她!"

张:写的人还觉得美,歌颂祖国呀。

乔:他以小孩的口气写,但是,你觉得小孩会这样写吗?真不会。这种说假话的心态,他还不一定会自觉地意识到,他认为这是儿童语,却没想到,这是多么虚伪的文学作品。

张：这种现象不少，只是表现形式不同罢了。

乔：前两天，我在微博上看到一个很好的诗歌，被大家炒得挺热，就是小孩子写的《挑妈妈》，意思是说，小孩在天上逛呀逛，看到一个女人，觉得她挺不错，就想着说，让她当自己的妈妈吧，没想到，第二天就进到她肚子里了，大概就是这个意思。我觉得这像小孩写的，挺有童趣的。

张：是的，真诚是装不出来的，别人一看就假，但自己未必知道。

乔：还有，我看到一个五年级孩子的诗，他把地球的时间做成一个大蛋糕，一半送给白天，给太阳爷爷吃，一半送给黑夜，给月亮奶奶吃。这诗也挺好的，挺真诚。

六、虚构与非虚构

张：你回忆下自己的小说创作过程中，比较有趣的一些记忆。

乔：经常有读者问，你的小说取材于哪儿？我的素材主要还是来源于生活，但是它没有那么现成，就是今天一个人给我讲的故事，完全当成个小说，我觉得可能性非常小。

张：每个人不一样，有一次我在西安开会，也顺带为我们的杂志做访谈，我问叶广芩，她说自己的小说全部都是真事。我很惊讶，她做记者很多年，我想有一种特殊的习惯吧，但她处理得不错，小说写出来，有实在的人生内容，也有虚构作品的开阔性。

乔：对，职业习惯形成了她的写作习惯。

张：她说自己写小说不会胡编乱造，我理解她的意思，有些人的小说，写得不好，真是叫胡编乱造，就是说里面的内容就不可靠。她告诉我，她的小说都来源于一个个真实的事件，然后再加工，当然别人不同，比如我，我听到一句话，就可能有了写小说的冲动和感觉，就会琢磨着去构思，去写。你呢，你是什么情况？

乔：咱俩差不多，我有时候被一个情节和一个细节打动，就写，有时候被一句话打动,更多的是感觉型,被某个片段打动,就写。

张:各种类型的作家都有,叶广芩是一种,我们也是一种。

乔:叶广芩写得蛮灵活,很透气!

张:对,透气! 这个词蛮好。

乔:两种方式和渠道,一个像我们这样,从一句话和一个感觉出发,构成一个故事,不断推进,做实,透气。叶广芩老师是把一个很实的东西,做得透气。把一个实的东西做得透气挺好的,只要最后能达到小说的效果,就行了。

张:从真实的事件出发,内容会实在,但要避免把小说写死或写得僵硬。从感觉出发,要注意把内容做实,不然就真是胡编乱造。叶广芩写的都是家事、父母,是很具体的事件,但能让人读出虚幻与缥渺。

乔:我知道,胡编乱造这个词,实际上是对想象力的调侃,真正写的时候,你会有一个现实的逻辑,这个逻辑是很严密的,不是说你真的就天马行空写起来了对吧? 小说有意思的就是,从虚处着手,写实了以后,要遵从生活的现实逻辑,它非常完整,非常严密。

张:你获鲁迅文学奖的小说是什么?

乔:《最慢的是活着》。

张:那个小说是怎么写出来的?

乔:那个小说我觉得是一半一半的,一半写实,一半虚构。

张:最初的写作冲动是怎么来的?

乔:就是来源于我的祖母,我和祖母的关系。小说里的叙述和我本人对照而言,在精神脉络上是一致的,但是,很多写实的东西,其实是别人的祖母。我在阅读别人的散文时,觉得中国的祖母形象非常多,我写小说时,也在豫北乡下走了走,听朋友讲他和祖母的故事。听得非常多,特别有感触。我和祖母的感情非常深,我特别想写一个祖孙关系的小说,我觉得很有意思。怎么写呢? 两人反差性非常强,精神的沿承性又非常深情,我大概这样想,就写了。

张:最慢的是活着,这个标题非常好,暗示了一种思考,一种命运感。

乔：很多人问里面的"我"是不是我自己，我说这有悖于写作常识。从某种意义上说，每一个创作者，写小说中人物的时候，多多少少都会带一点自己的影子，哪怕是反面角色，每一个小说中的人物都是"我"，但从严格意义上来说，又都不是"我"。这应该是写作常识。如果用科学的数据分析，不知谁能分析出来大概占多少的比例。

张：那个《拆楼记》是什么时候写的？又是怎么想起来写这么个东西？

乔：《拆楼记》是一个非虚构作品。《人民文学》有一个非虚构写作计划，我加入了这个计划，就写了。

张：你去调查了？

乔：调查了。拆迁嘛，很普遍，抗拆和违建是一体的，就是老百姓在拆迁前违建。

张：调查不容易呢。

乔：是呀，像我这么胖都跑瘦了，经常去村里跑，去我姐姐家，去村子里，问问，看看，每段时间都有进展。比如说，这段在盖房违建了，下段发布告了拆了，我又下去看看，开始拆了，抗拆，上访，谈判补偿了，每个阶段都跟踪。最后写出了这个东西。

张：要花很多时间的。

乔：对，大概用了大半年吧，一半时间在了解，一半时间在写。

张：用了好几个月在了解？

乔：对，大概六七个月吧，也挺有意思的。

张：上部下部加起来有多少字？

乔：15万字，带图片，我拍的图片，这本书里都放进去了。

张：《拆楼记》之外，好像还有个什么楼记是吧？

乔：上部是《盖楼记》，村民违建嘛，下部就是《拆楼记》，那边盖房，这边强拆，然后老百姓对抗，利益博弈嘛。就是怎么把利益均衡掉，利益之战。写这种东西，这个过程比较完整，我觉得都很典型。

张：那么今年（2012年）写了什么东西？

乔：今年就是《拆楼记》，把书稿整理完毕后，五月份出版，配合出版社做宣传。我现在进入非虚构领域了，刚刚去广州参加了一个非虚构的国际文学周，以非虚构为主题，参加论坛什么的。

张：为什么会一下子对这个东西感兴趣呢？

乔：因为2010年《人民文学》有一个非虚构的写作专栏，我就关注了一下，参加他们的会议，他们希望更多的散文家、小说家、诗人都进入这个领域，就召集我们开会。我听了觉得挺有意思，正好碰到姐姐家拆迁，觉得这个可以写，挺典型，写完以后发现是挺好的写作。

张：下一步，还有类似的作品再写？

乔：没有。我是这样，碰到这个东西，适合写非虚构才写，不是为了写非虚构去写，我现在正写一个长篇小说，希望年底能够完稿。

从尘埃里开出花来

一、一身的俗骨

任瑜(青年评论家、中山大学文学博士)：我们两个像这样单独相对，一本正经、纯粹地谈文学和写作，还真是第一次啊。不知道你什么感觉，我是挺有压力的，我们还是随意些、轻松些，不要那么严肃，想到哪里就说到哪里吧。当然，最好是能用简单的问题谈出有点意思和深度的东西来。

乔叶：你这可是有点儿狡猾啊，你提简单的问题，我要回答得很深入，包袱可都在我这儿呢。

任瑜：所谓"能者多劳"嘛。我想先问一个比较"浅薄"的问题，当你看到这满屋子自己的书的时候，你是什么感受？我有点儿好奇。

乔叶：哪有满屋子自己的书！我自己的书很少。面对自己的书……其实也真没啥感觉，就觉得还是不看了吧！

任瑜：为什么？当你拿到自己的一本新书时，不会没有感觉吧？会再看一遍吗？

乔叶：我基本上不再打开看的，除非为了送人要签名什么的，一般不会从头到尾再看一遍。但是也有例外，比如得到了很重要的表扬，那就会再看一看，回味一下是不是真的这么好啊！毕飞宇老师就说过，他虚荣心特别强，谁要一夸他的小说好，回家第一件事就是打开电脑，把那本小说再自我欣赏一遍，会觉得，写得确实不错嘛！

任瑜：这种"虚荣心"也是强大的进步动力。

乔叶：其实不看也是因为我对自己的作品还有很多的不满意，

经常是特别不满意,所以就有些羞于看了。还有一个因素就是,我写的时候是比较认真的,在作品里我已经尽力了,那么,写完这个作品,发出去,任务就算结束了,最重要的事情已经完成了,这时再回头去看也没有太大的意义吧。

任瑜:不过,再回过头去看的话还是会有收获的吧。因为经过一段时间的沉淀,你可能会有新的感受和体会,也会变得更客观一些。

乔叶:总体上来看,我过去的作品,散文就不说了,单就小说而言,我觉得在语言、文字方面相对来说还是可以的,不需要动太多的地方。好像我对语言的把控相对比较稳定。当然,一段时间之后,你对生活的认识会加深,你的写作意识也会调整等等,这些大的方面,具体在作品中,肯定会有可改进的地方。

任瑜:最重要的是,你会发现以前没有意识到的不足。

乔叶:肯定的。比如,《最慢的是活着》是大家评价相对较高的一个作品,现在看也还是觉得有一些不足,像最后一节情绪流溢得过于饱满了,可能再克制一下会更好。

任瑜:我知道有不少人喜欢《最慢的是活着》。它非常真切地写出了那些日常的、家常的、世俗的人生和情感,让人觉得特别亲切,很有共鸣。这种生活气息、人情风味浓郁的题材特别适合你,应该是你的长项。王安忆曾说过,小说的要领就是世俗心。我一直觉得,你就有一颗强大的世俗心,你的小说对世俗生活的了解、感受和表达特别细微、丰富和饱满。有评论说你是紧贴着生活去写作。《大河报》对你的专访里曾提到一个说法,说你是浸泡在生活里的作家。你这样烟火气息浓郁的写作,是出自天然的、自发的本能,还是有意识地去贴近生活的缘故?

乔叶:我觉得生活不用贴近。

任瑜:当然,人本来就在生活里面。但是作家在创作的时候呢?有的作家,在写作的时候会刻意保持同生活的距离,要离生活远一些。而你的小说,写的好像就是我们身处的现实、我们真实的生活,是那些原汁原味、细微琐碎的日子。那些人物就像我们身边的芸芸众生,他们的言语行为、思想感受,跟我们非常贴近,简直就是我们本人。

乔叶:王安忆老师的说法有她的道理。张爱玲的姑姑曾说张爱玲,不知她哪儿来的一身俗骨。张爱玲是有贵族生活经历的一个人,为什么她作品中会有这么一身的俗骨,怎么解释?毕飞宇也说过,人情世故是小说的拐杖,没有这个拐杖就难以行走。具体到我,我也知道,我对生活的表达是比较接地气的,也就是俗骨比较充分。李敬泽老师曾评价我说:"乔叶不是一个知识分子,是一个热爱生活的人,她知道事情就是这么解决,世界就是这么运转——作为一个中国人,我得承认,她是对的,那就是我们的经验和心灵。"我也想过我为什么是这种人,可能因为我真不是一个知识分子。我学历不算高,第一学历是中师。二十世纪八十年代末在乡村大家都热衷于考小中专,当时这也是黄金选择,国家包分配嘛,所以我初中毕业就考了师范,之后又进修了专科、本科。那这样的我就不是浸泡在学府里面的知识分子。我的生活一直是贴着地面行走的。

任瑜:所以地气都在你的骨子里,没有离开过。

乔叶:这是生活在客观上提供给我的,从主观上来说,我的写作在这方面也得到了强化和鼓励。我开始写散文的时候写的就是生活散文,不是站在那儿啊啊啊抒情的那种。

任瑜:或者是哲理、沉思的那种。

乔叶:没有。我好像从出发的时候就是……从尘埃里开出来的花吧。这还是张爱玲的比喻。我最早给《中国青年报》写系列散文,就是从谈一个女孩子的愁嫁开始的。前几天在一个讲座中还被问到最开始的写作动机是什么,我说我的动机特别不崇高。当时我想征婚,又不想掏广告费,还想挣点钱,于是就写了一篇愁嫁的散文。后来又写了一系列的散文,都是从生活本身出发的,然后得到了很多鼓励。但是在小说方面,我走过一些弯路。比如《我是真的热爱你》,看上去写得很贴底层,但其实并不是太入骨。冷紫那个角色蛮飘的,满口学生腔,特别理想主义,是很文艺的角色,现在的话就不会那样写。那时刚进入小说创作,还不怎么知道使用这根俗骨。2004年我在鲁迅文学院学习,李敬泽老师就向我指出了这个问题,他说:"你写这个东西的时候,要先想想你自己是否相信这个人物是这样行动、这样思考的,你自己信不过的事就不要写。"我觉得批评得非常正确,后来就比较少犯这种毛病了。

任瑜:从尘埃里开出花来。这话很形象很贴切。就因为你、你的写作是从尘埃里开出的花,所以你的读者会觉得特别亲切,因为大家同在尘埃,地气相通啊。

乔叶:我是尽量去感知。写作肯定要有感知力,对身边的人、身边一切的事物,包括事物的运行,要能真的把自己放进去,放进去可能就会有这根俗骨。等你感知到了才能表达。别人说写得俗,我倒不觉得是很坏的事。

任瑜:毕竟大家都是世俗之人,本来就生活在世俗之中。

乔叶:毕飞宇好像说过,世俗不是恶俗。不要将它恶俗就行了。小说是个写实的壳,没有世俗的纹理,小说读起来就没有质感。

任瑜:感知力强,经验也就充沛。你属于重视经验的作家,有的写作者好像更重视概念和理念,表达的思想也很深刻。

乔叶:但是写起来像僵尸在行动。

任瑜:如果没有这个写实的壳来支撑这些理念的话,就容易导致好材料堆在一起却建不成漂亮屋子的问题。

乔叶:我们常说要骨骼匀停、血肉饱满。骨头要长得好,血肉要饱满,就要把握好世俗生活的肌理和质地。

任瑜:其实感悟力和经验的表达也正是你的强项和优势。

乔叶:我比较善于发现细节,可能是源自散文的锤炼。在我大量写散文的时候,因为我自己的生活很贫瘠,并没有多少可写的东西,只能从别人那里有所发现,对别人的生活"巧取豪夺"。我曾开玩笑说,发现这个细节可以值200块钱稿费,那我就赶快写下来。这种对别人生活的发现和占有,我觉得是非常重要的。这个能力是要刻意锻炼的,要有很敏锐的感觉,要不然那些细节一晃就过去了,你也跟着晃过去了,那还写什么呢?我觉得人的感悟就像筛子,筛子眼儿越粗大,留住的东西越少。你要把你的筛子眼儿制得很细密,那留住的东西自然就多了。

任瑜:我发现你特别善于比喻,总是能说得生动形象。这也是你作品的特点。应该也是你世俗心、接地气的另一个表现吧。

乔叶:主要是我见过筛子,很多人没见过。

二、跳出来、扎进去

任瑜:作家都有各自的优势和特色。我昨天在看宁肯老师的《天葬》,跟看你的小说感受不同。我常在微博上看到宁肯老师发布的在叙事、结构等方面的感受和思考,他很重视结构和形式,对理论梳理也非常精辟和深入。

乔叶:是的,他在微博上一段一段的创作谈,都讲得非常好,宁肯是很厉害的。我自己看理论的东西很少,刚写作的时候完全不知道小说是什么东西,就凭着本能去写,这是我的缺点,但同时我也得益于此。

任瑜:是不是因此受到的约束反倒少一些?

乔叶:对。李敬泽老师一眼就看出了我的问题,但是也看到了我的优点。他说:"因为热爱生活,所以乔叶能看到未被理念整理和驯服过的真实的心灵。"

任瑜:是的,从你小说里能看到生活中那些没有经过化妆或修饰的内容和表现。

乔叶:他还说,乔叶是真正具有生活热情的小说家,但她也会烫伤我们。她是兴致勃勃的,她不可能是单纯的,她有一种知觉的复杂,会好奇地揭开我们今天的混浊,让我们看到生活是多么难以规划和界定。

任瑜:看起来李敬泽老师似乎已经把对你的点评都写尽了。我看到在《拆楼记》的序里他说,文学应该尽可能地回到人生和经验。你的一些作品,比如《拆楼记》就是尽可能地回到真实和经验。

乔叶:我在不知道这个理论的时候就直觉地这么做了。这算是"没见识,有本能"吧。

任瑜:跟李敬泽老师的说法不同,苏珊·桑塔格是这么说的,"一切艺术作品都基于某种距离,基于同被再现的生活现实拉开一定距离,要保持这样一定的距离,就是以艺术的面目出现时,必须对情绪干预和情感参与予以限制。"事实上有时候你必须跳出来,才能客观审视,才能真正地全面和真实。那么,当你这么贴近生活甚至浸入其中去写的时候,你又如何来保证这种同生活和经验的必要距离呢?

乔叶:桑塔格的话和李敬泽的话其实并不矛盾,他们说的应该是创作中的不同层面,都很正确。当我要决定写一个东西的时候,首先与它有一个看和被看的关系,这个关系中肯定是有距离存在的。你发现它的时候,本身就有了距离,有距离才会发现。发现之后,真去写的时候,我就一头扎进去了,这时就没距离了,尽量没距离。当然,你以为没距离了,但是距离也还存在。

任瑜:因为你肯定还要理性地梳理它,这也是距离。

乔叶:这也还是属于判断的过程、看的过程。我写的时候首先是有一个思考、酝酿的过程。比如《最慢的是活着》,虽然和我个人的精神生活非常贴近,但是在写它之前还要先理性观照。等动笔的时候那就要扎进去了。这就和刘翔跑步差不多,在没跑之前要大量的训练,要思考怎么跨栏,真跑起来之后就不会去想该迈左腿还是迈右腿,就是一头扎进去了。总的来说小说写作是一个不断进去和出来的过程。每个人的写作习惯不一样,有的人是写一段就出来看看,有的人是写完了再出来。我是大概写得差不多的时候就出来,出来以后放一放再看,自己审视一下,看看情感、结构处理得怎么样,自己发现问题,自己调教自己。完了之后再进去,然后再出来,大概要有这么几个反复的过程。

任瑜:所以说必要的距离肯定是要保持的,否则的话可能贴得过近,有些东西就表达不完全或不够节制。

乔叶：对。写《最慢的是活着》的时候我是完全扎进去了，因为对我奶奶特别有感情，写的时候自己哭得不行。写完以后出来了，出来再看就觉得弥漫得太厉害。我甚至不想写成小说，想着干脆写一个散文算了，但后来还是决定写成小说。就像你说的，小说可以相对地保持距离，散文如果写实性太强太贴近的话，对我来说可能更难以控制和表达。而小说毕竟有一个虚构的壳，能够进行适度距离的观照，更适合书写这种感情。当时写了两稿以后发给《收获》，《收获》的编辑很厉害，指出问题说写得过于满，太想表达那种欲望，需要克制。后来我又改了两稿，编辑就比较满意。但是，隔了几年再看它，我觉得还是太满，还要再克制。当然了，不能说为了达到最好的艺术效果，作品就反复地放，放上几十年，那也没什么意义。总之，保持距离确实是很重要的，但是扎进去也同等重要。

任瑜：既要保持距离，也要一头扎进去。应该是在情感上扎进去的时候多一些，在思考的时候就要尽可能地出来。

乔叶：这个尺度、分寸很微妙的。

任瑜：恐怕非要自己写才能体会。我们读者不会有这么细微的体会。

乔叶：不过，作品和作品还不太一样。那篇《黄金时间》就非常冷静。

任瑜：在这篇小说中，感觉你的距离就拉得远了一些，冷眼打量的时候多。

乔叶：它整个叙述是非常冷色调的，即便我扎进了人物，但是人物在表达的时候也还是冷色调的。因为有时候扎是有温度的，有时候扎是没温度的，或者说有时温度高，有时温度低。这都是有区别的。

三、小说的本质是冒犯

任瑜：写作还真是需要精妙的手感。在写作中，除了刚才谈到的情感和情绪的距离与投入之外,肯定还存在道德介入和价值评判的问题。比如《认罪书》中的金金,有很多人认为这是一个黑得不透气的人物,她的许多行为都有违一般的道德准则,可以从道德上对她有很多的批判和否定。我的阅读感觉是,你的表达和描述都是比较中立的,看不到道德批判和情感厌恶。那你在写这么一个"失德"的人物的时候,有没有预设自己的道德立场?如果有的话,那是个什么样的立场?

乔叶:我是尽力"去道德"的。对大家墨守成规、约定俗成的这些道德,我尽力去无视它们。就像赫尔曼·布洛赫说的,小说家只需要遵循小说的道德。我觉得这是一条金律。

任瑜:可是,如果"去道德"的话,那小说家又怎样表达自己的社会责任感呢?

乔叶:我认为小说家的社会责任就是把人物以最真诚的理解表现出来。

任瑜:最真诚的理解?是不是也包括同情和包容?

乔叶:对,其实就是悲悯心。比如说安娜卡列尼娜,她也是"小三",那是不是要从社会道德来评价她呢?那按照一些人的习惯来追问:托尔斯泰写这个东西是什么立场?他到底要歌颂什么赞美什么?这么去看就没法说了。但是你看他把安娜写得,让大家那么喜爱,对她充满了同情,知道她的痛苦,尽管她的老公从社会意义上来说也没多大的问题。可以说看着安娜的故事,一个正常情商和智商的人都能理解她,理解她的痛苦和选择。让人理解她、悲悯她,我觉得这就是小说家做到的道德。

任瑜:就是说,通常意义上的道德评判并不是小说家的道德。

乔叶:小说甚至要拓宽通常所说的这些"道德"。某种意义上说,小说的本质就是冒犯,真正优秀的小说就是冒犯。

任瑜:生活当中存在着大量的灰色地带的东西,不可能就是黑与白那么截然分明。可能小说家去反映这些灰色地带的东西,会更接近小说的本质。

乔叶:正能量的说法就是,他在拓展那些很庸常的对社会伦理的认识。就小说家本身的主观行为来说,他就是在冒犯,因为大家的边界已经划得很清楚了,而小说家却要突破它。你看,包括福楼拜写《包法利夫人》,那也是冒犯。

任瑜:这种冒犯也正是小说家的道德。

乔叶:其实我们"五四"时期的文学,哪个不是冒犯?全都是冒犯。像《莎菲女士的日记》,莎菲绝对是问题少女,但是它开了先河,它的价值不能低估。平常我们说"文学艺术"时把"文学"放到前面,因为文学是一切艺术之母体,因为它含有冒犯。冒犯是需要思想深度的,对作家提出了很高的要求。

任瑜:不是想冒犯就能冒犯的,没有能力的话,根本不可能去挑战道德的边界,或者是拓宽这个边界。

乔叶:或者你挑战得没有力量。

任瑜:如果你的思想和眼光就在这个边界之内的话,怎么可能去突破它?

乔叶:所以真正的好作家是非常有力量的。

任瑜:其实也可以说,展现不道德也是作家或者小说的道德。我觉得小说倒更应该展现不道德。

乔叶:但问题是,这么做很容易不被理解。如果大家在社会新闻里看到杀人事件,会觉得这也蛮常见的,但小说要是摊开了黑暗的人性,露出了那些繁复的灰色的东西,我们很多人的审美就变得娇弱起来,就要对文学提出一些莫名其妙的要求。

任瑜:有时候我们会把文学"圣母"化,这时文学就像是许多男作家笔下的理想女性一样,就是个神圣的、不容玷污的祭物。

乔叶:但真出现这样的女性的话,会很假。

任瑜:是的。说到女性,你的写作有一些地方可能会被认为具有女性写作的色彩,比如文字的绵密和感觉的细腻。但我不大愿意以女性写作或女性视角来评判作品,我是觉得以性别的角度来观察作品,往往会把作品给狭隘化了。不知你在写作时有没有明确的性别意识呢?

乔叶:我倒是不从性别来考虑人物,不管男性还是女性,大家都是人,大家都有性嘛。我虽然是女作家,但我也写男性人物,他们也不一定就比我的女性人物更不可信。比如,我在《打火机》里面写到一个坏男人,昨天遇到一个读者对我说,他看过《打火机》后,觉得我对男人的事、男人的心理还挺了解的。

任瑜:你别说,女作家常常可以写出很真实的男性形象,但是男作家却较少能写出让我们女人觉得真实的女性形象,这也是一个挺有意思的对比。这一点可能跟女人的感受力更敏锐有关。

乔叶:从心理上来说的话,我觉得女人可能在本质上更接近文学。文学其实本质上更像母亲。

任瑜:对,如果文学有性别的话,它应该是偏向女性的。不过可能男作家们会有不同意见。

乔叶:女人在感受世界的时候,通常不是以情人的心态,更大的意义上是以母亲的心态。包括她看男人的时候,也像是母亲看孩子,孩子是什么样她肯定会有一定的了解。而男性很难以父性的心态去感受。

任瑜:男性在涉及性别的时候想法是很单一的。不管是有意识还是无意识,好像都是一样的。

乔叶:对,他就是打猎者、征服者,是一个雄性。

四、扎根取水与华丽转身

任瑜:有不少成功的作家都有或者是曾经有过自己的写作"根据地",这个根据地,或者是地缘上的"原乡",或者是精神上的源脉,或者是情感上的情结,甚至可以是创作中的一贯风格和手法,比如莫言的高密乡、阎连科的耙耧山脉以及他的"神实主义"、贾平凹的商州、苏童的南方枫杨村。我在你的作品中并没有看到某种一以贯之的精神情结或地域元素,但不知道你内心存不存在一个潜在的写作生发地,或者说隐秘的精神原乡?

乔叶:没有,在这方面我没有很明确的意识。

任瑜：可能这也是你们年轻一代的写作者跟前一代写作者之间的区别之一。像"50后""60后"的作家,他们通常有一个甚至数个精神原点,或者是相对固定的写作地域。而你们"70后"的写作者,通常不会把自己紧密地黏在某一处或某一个支点上。

乔叶：这应该跟生活背景和成长环境的差别有关。他们那一代人的乡土记忆非常完整和坚实,他们建立的文学世界不可避免会受到这种记忆的影响。

任瑜：这种记忆和与之相关的东西通常会成为他们主要的写作资源。

乔叶：对,一种习惯性的资源。而我们这代人,跳槽啊、调动啊,漂泊性、无根性更强一些。

任瑜：你们一般没有长期的固定的乡村生活经验。

乔叶：是的。他们汲取的写作资源是很完整的,我们的写作资源相对来说是零碎的。

任瑜：但是也相对多元一些。

乔叶：也可以这么说吧。像李佩甫老师,他在创作的盛年确定了自己的写作领域之后,即使来到城市扎根,或者全世界跑,他还是在汲取那块土地上的资源。就像是一个水管,就算它伸得特别长,也还是在那个井里取水,流出来的也还是那个源头的水。像我们可能就是随时换根水管,这儿扎一个,那儿扎一个,就这样扎出不同的水来。还是写作发生的不一样。

任瑜：这样也好,写作可以更宽泛、更灵活一些。

乔叶：其实,扎根取水或者说水源地应该包含不同的样态,不一定非要扎根于某块土地、某个虚拟的地理位置。比如说门罗,她的短篇小说写的是各种的家庭妇女生活,广义上来说那也是她的水源地,是她一个稳定的写作资源。

任瑜：这么说的话你其实也有一个水源地,我觉得世俗生活就是你写作的生发地和资源。其实,如果一个作者的文学世界像一个房间的话,这个房间应该有很多窗户,从不同的窗口看到的,应该是不同的风景。有所谓的写作"根据地"自然好,它能提供丰富的给养和灵感,让作者勾画风景的时候更得心应手,还能打造自己的特色和风格,但这样也容易形成较为固定的风景模式。一旦形成模式,就面临着所谓的"瓶颈"和"突破"问题。你虽然没有狭义上的那种根据地,限制相对少一些,但我想也会遭遇类似的问题吧。看你这两年的写作,在体裁、题材和风格上都有一些变化,比如从虚构到非虚构,从现实到历史,从温情到平实到无情,这些改变和尝试是不是你遇到瓶颈之后的试图突破?

乔叶: 我对瓶颈期并没有特别明显的感觉,往往是走过去之后才知道那是瓶颈期。事实上,我中短篇小说发得最多的时候,也就是我的瓶颈期。这是一个很有趣的现象。

任瑜: 达到巅峰的时候也是出现瓶颈的时候。

乔叶: 对。我从 2004 年开始写中短篇,2006 年和 2007 年发了大量的中短篇小说。但是不断地大量地写,肯定会有重复。表面上看作品是发表了很多,也得不少奖,但里面已经隐藏着很大的毛病和问题了。

任瑜: 已有的空间基本上被挖掘完了,要继续挖掘就得开拓新的空间。

乔叶: 对,我必须考虑以后怎么写下去。2010 年的时候我就到下面到处跑,接触新的素材,然后就进入非虚构的领域,写了《拆楼记》。当时有媒体说我是华丽转身,其实我没怎么想转身的问题,可能就是无意识地打开了一块领地。

任瑜: 这就是对瓶颈的突破。

乔叶: 一般来说,遇到瓶颈期之后会觉得不变不行,会置之死地而后生,但我的情形好像没有这么决绝。

任瑜: 转变得还比较自然?

乔叶: 是自己有一个自然的选择。写完《拆楼记》之后,我觉得还是更喜欢虚构,然后就写了《认罪书》。《认罪书》还是写日常生活,但同时我还想进入历史深处,探究一下历史问题。对这本书,媒体上有说法是"看'70 后'如何表达历史",看起来好像我又进入了一个领域,历史的领域。总的来说,这些变化应该是非常自然的思考和选择的结果。

五、形式自然就来了

任瑜：在形式上，你也在进行一些新的尝试。《拆楼记》里面开始出现注释，但它是非虚构，注释这种手法就不那么突出。《认罪书》作为虚构作品，里面出现不少的注释和文献，就像是一个个小文本，还是很醒目的。不仅如此，你还采用了双重文本的叙事方式，也是比较新颖的。

乔叶：这种方式好多人都用过。我看过阎连科的一篇小说，就是用的双重文本。

任瑜：其实双重文本是外国文学一个传统的叙事方式，像《红字》、爱伦·坡的小说，都有使用。但是后来出现得少了，现在来看，它就既是传统的也是新鲜的了。

乔叶：当时我是想写出一个小历史，把国家那些小的历史用注释给串起来，作为另一种背景的叙述。但现在我觉得用什么形式并不特别重要，关键还是你要写什么，写什么决定了怎么写。"写什么"和"怎么写"其实是一个问题。

任瑜：你是说，不需要刻意去追求形式，内容一旦决定，形式自然也就来了？

乔叶：对。就像一个人，气血充足的时候走得自然就稳健。刘翔跑得快，姿势是重要的，穿什么运动衣就不大重要了。托尔斯泰说过一句特别朴素的话："文学的本质就是感情。"这句话特别简单，但我觉得特别有道理。写作说到底就是情感问题，你对人物、对大小事物的情怀，通过小说表达出来是什么样的。当然，结构是需要考虑的，但是一个优秀的作家在决定了写作内容，或者以什么样的情怀去写、表达什么样的感染力的时候，形式就已经属于细枝末节的问题了。就作家本身的才华来说，应该能够将形式调整得很好。最差的结果，可能是会让小说很平凡，但不至于糟糕到会影响表达的主要的光芒。

任瑜：就是说形式不至于那么重要，但也不要成为拖累。

乔叶：就像金镶玉，好的形式可能会让小说更有光彩。但是如果内容的表达本身足够好，形式的作用就不那么突出了。形式不是编个什么筐、装个什么菜的问题。

任瑜：所以你不进行文体试验、文本游戏一类的尝试。

乔叶：对。其实我也不是不想尝试，但我觉得这个东西不是特别重要，先把最主体的东西完成或者考虑得差不多以后，再顺便考虑一下要不要尝试一些新的设置和方式。要靠文本立世，首先我觉得极端困难，因为好多人都尝试过，但很少人成功。其次好像也有点荒唐。

任瑜：这样的尝试确实很困难，好像意义也不大，这样的文本到最后往往只具有试验品和样本的价值。

乔叶：形式本身应该是个衍生物，或者附属品，不应该作为主体。

任瑜：形式的最高价值体现于对内容的最佳表达上。

乔叶：最早写小说的时候我曾经异想天开，要用叙事长诗写篇小说，还以为前无古人，后来发现别人早已经试过了。

任瑜：在形式上恐怕很难再有什么前所未有的创新之举了。所以，现在好像不再提"先锋"之说了。

乔叶：有时候还是要老实一点。小说就是讲故事的，把故事讲好，里面有你的情感在，就好。没感情才是可怕的。

任瑜：所以说你的写作是比较老实的、温顺的写作。不叛逆不搞怪，不是非要标新立异。

乔叶：但我偶尔也会魔幻一下的，写过一个《拥抱至死》。

任瑜：但是即便你尝试魔幻色彩的题材或故事，就像《拥抱至死》，你还是把它写得很生活很家常。

乔叶：对，我就想它有家常面貌，也有现实逻辑。我觉得逻辑严谨是写作前提。你看马尔克斯的《百年孤独》，故事很魔幻，但它的逻辑非常严谨。

任瑜：是的，它有自己非常严谨、自然的小说逻辑。

乔叶：既然小说有个现实外壳，那它内在的逻辑一定要经得起推敲。

任瑜：有本书叫《美学新解》，里面讲到小说有自己的逻辑时举了一个例子，说一个人上班迟到了，对老板解释是因为他在路上遇到了一只老虎。在现实中这个理由显得很荒诞，可是在小说里面就可能是真实的，因为小说有可能写的是非洲草原的故事，那里的人有可能在上班的路上，看到车前跑过一只老虎或狮子。我想这个例子的意思是说，文本世界的逻辑可能不是现实世界的逻辑，但是它必然要有逻辑。当然，小说的逻辑也不可能完全脱离现实世界的逻辑。

乔叶：它肯定是有参照性的。你可以在小说开头写上班迟到碰到一只老虎，但那老虎是如何来的，你要有严肃的、合理的交代，要不然怎么能说得过去呢？总之，如果没有现实逻辑，我觉得是不可想象的。就算是写穿越小说，也应该有足够的现实逻辑。下一步我还真的准备写一部穿越小说，希望尽可能地处理好逻辑问题。

任瑜：这是新的尝试啊，期待你的"穿越"。

（原载于《创作与评论》2014年第14期）

"小说的伦理就是要走自己的独木桥"

一

姜广平（文学评论家，以下简称姜）：从散文走向小说，你当时是出于什么考虑做出了这样的决定？在由散文到小说的转折或节点上，你应该有过一个煎熬期。毕竟，散文与小说，分属于两种行当。曾经听你说过，你担心散文的笔法会与小说的情节性相悖，所以写小说以后，特别重视小说的情节。

乔叶（以下简称乔）：对于我的转型，很多人都表示过不解。李洱曾在文章里调侃说，乔叶的散文能使人想到早年的冰心，能让人感到自己的世故，就像吃了鲜鱼能让人感到自己嘴巴的不洁。他对我转型写小说很惊讶。我想，不仅是他，很多人都有理由惊讶。但我知道自己的选择是多么必然。如果说我的散文创作是鲜鱼的话，那么作为厨师，我怎么会不知道厨房里还有什么呢：破碎的鱼鳞、鲜红的内脏、暧昧黏缠的腥气以及尖锐狼藉的骨和刺……这些都是意味丰富的小说原料，早就在我的内心潜藏。2001年，我调到河南省文学院当专业作家，院里的业务研讨会是以小说为主的，我从中听到了很多，也学到了很多。专业作家不用坐班，时间也很宽裕，让我有充分的时间去领会小说。各种条件都比较成熟，小说的种子也经过了漫长的埋伏，已然到了最合适的时候，于是就破土而出了。

所谓的煎熬期，我认为，对每个创作者来说都是有的。一种是内煎熬，一种是外煎熬。外煎熬就是发表啊出版啊等等外在的不顺。内煎熬就是作家自己和自己打架。外煎熬我几乎没有。因为我的小说没有受过什么委屈，一写出来就受到了比较普遍的肯定。

发表、转载、获奖什么的，都很顺利。如果说内煎熬的话，那一直存在着。而且，只要我写，我相信就一直会有。

起初我也确实担心过散文的笔法会与小说的情节性相悖，特别怕自己写的小说不像小说，所以就努力向自己心目中像小说的小说靠近，讲究故事啊，悬念啊，小小的机关设置等等，后来获得了普遍肯定之后，心态放松了许多，对这些倒是不那么刻意了。

姜：这一来，我们也就发现了，为什么你的小说里，冲突性的情节比较多，有的甚至到了非常尖锐的地步。这是不是担心小说会出现散文化倾向的一种表现？

乔：是的。后来才发现自己的这种担心其实是很表面的一个问题。小说散文化，散文小说化，散文诗歌化，诗歌散文化……难道小说、散文、诗歌之间的疆界就那么重要吗？

姜：在很多人看来，从散文走向小说可能是比较自然的。散文家转型写小说的，不是很多。或者说，像你这样转型而能成功的作家，其实为数不多。

乔：转型这个词似乎有些严重，也有些煞有介事。其实我觉得，如果说文学是一栋房子，那么小说、诗歌、散文就如同不同的房间，这些房间的居住者完全可以互相串串门，或者到另外一个房间住一段。今年《西部》第5期发了一组小说家的诗歌，我也有份，算是从一个房间又串到另一个了吧。散文家兼职小说家的人一向不少，孙犁、汪曾祺、史铁生……我觉得这甚至已经是中国文学的一种传统。我只是传统的一份子。

姜：这里有一个先后的问题。这问题，其实如你所说，也不是太重要。现在我们想知道的是，你为什么从写散文转而写小说了呢？

乔：当初之所以想写小说，就是因为散文写太多了。我1993年开始写散文，第二年就开始做专栏，出书。后来又获得各种奖励，非常顺当。在这种情形下，人往往是有惰性的，是从属于单一写作领域的惰性。及至看到自己出了七本散文集，我自己都吓了一跳，就问自己难道要这么写一辈子吗？这可能是个问题。我觉得不能再这样下去了。正好这时被调到了河南省文学院,契机适合,便开始了小说创作。我现在还不时会写散文,在几家报纸副刊开着专栏。

姜:其实,可能,我们的生活某种意义上更具有散文的质地。很多事情的发展、冲突,都是渐进的,缓慢的,甚至是柔和的。

乔:是的,像我那个中篇小说的名字《最慢的是活着》。

姜:后来你改写小说了,生活的质地也就改变了。至少,你在小说里把那种生活的散文质地改变成了小说的质地。说到底,你还是最适合写小说。

乔:生活的质地没变,也永远不会变。就作家而言,变的是书写者的角度选择。就我自己的散文和小说相比,我私心里也更喜欢自己的小说。相对来说,我觉得小说的空间更大一些,给人的尺度更宽一些;小说是有翅膀的,可以任我把现实的面貌进行改变、重组,带它们去飞翔。我觉得这更好玩。

姜:说到适合,我的意思是,在小说的叙事方式与叙事主题上,每一个作家,都在寻找着自己的叙事方式与叙事主题。你从散文转向小说,是叙事方式的转换;而在主题上,也一定是小说更能表现你所选择的主题。当然,我不知道是不是可以这样表述。

乔:是的,没错。

姜:这里面肯定还包含着一个非常重要的问题,在你看来,不,是在你写作过程中,你是先确定写作主题,还是先具有了小说的主体?

乔:如果一定要选择的话,那应当说,是先确定了写作主题。如同拿到一棵菜,我知道:哦,这个菜,不适合清蒸,只适合红烧……如果确定了清蒸,那再说清蒸的火候、时间的长短、容器的大小等等。

姜:纵观你的所有小说写作,我们发现,作为一个女作家,女性叙事成为你写作的重要内容。女性叙事是不是你的一种必然选择?

乔:就我个人的初衷而言,只是以人为本。也许目前写女人多了些,不过以后也可能会写很多男人。难道可以借此断定男性叙事是我的一种必然选择?

二

姜:我们先说说你的第一部小说《守口如瓶》。这可能是一部多元主题的小说。譬如,堕落、救赎、拯救、痛苦、身体、羞耻……都兼顾到了。当然,更重要的主题可能是女性意识。

乔:其实当初我就是想写一个主题:拯救。但写着写着附加的东西随之而来,剥都剥不掉。

姜:当然,这部小说里还有窥视的意味。饶有意味的是,在冷紫这里,她发现了自己身体内部的眼睛。

乔:嗯,我自己也比较喜欢这个意象。

姜:这部小说从《守口如瓶》式的隐讳,改成《我是真的热爱你》的热烈,仅仅是出于出版的策划吗?但《守口如瓶》的诗学意味更好。

乔:是的,书名的改变纯粹是出于出版的策划。我一直在坚持用《守口如瓶》,但架不住出版方的劝说,到三审的时候才改了书名。现在想到《我是真的热爱你》这个书名,仍然觉得有些荒唐。

姜:写这本书,当初你有没有触碰禁区的感觉?虽然,这里其实已经没有了禁区。"小姐"已经是被糟蹋了的一个词语。只是你的人物设置,还是挺让人出乎意料的,孪生姐妹,一红一紫。而且,这一对姐妹,双双落入卖淫的境地。

乔:当时没觉得是禁区,后来才有人告诉我这是禁区。在写作方面,我一直有些傻大胆。

姜:是什么触动你写这部小说?是因为对底层的关注,还是因为对女性问题的思考?抑或其他?

乔:最浅层的引子是受一则新闻的触动,那新闻说的就是双胞胎姐妹卖淫。我想得很简单:既然新闻可以报,那写小说应该也没什么问题。至于更深层的创作动因,那天翻到了关于这个长篇的创作谈,有些话现在读来仍然觉得深合我心:"……在更深的本意上,这两个女孩子的故事只是我试图运用的一种象征性切入,我想用她们来描摹这个时代里人们精神内部的矛盾、撕裂、挣扎和亲吻,描摹人们心灵质量行进的困惑和艰难,描摹我们每个人都曾经有过的那个纯净的自己,这个纯净的自己常常鲜活地存在于我们的内心之中,时时与我们现在的自己分离、相聚和牵扯。就像我们每个人其实都有这样一个血肉相融的孪生姊妹,在生命的过程中始终不懈地镌刻着我们……我是一个理想主义者,那种我认为生活中应当有而实际上却没有或者很少有的美好事物一直是我创作中最重要的激情和动力。文字赋予了我表达理想和描述理想的方式,我也将以自己的方式来回报他。我知道我做得不够好,但聊以自慰的是,我忠实地表达了一些我的认识和思考。我觉得自己的表达是认真和严肃的。"

姜:这样的题材,势必遭遇"性"的问题。我在和诸多作家的对话里,还确实很少谈到这个问题。但坦率地说,这是个回避不了的问题。说穿了,这也是一种主体,文学的主体。

乔:没错,是一种主体。人无非男女,男女之间必定有性,性对人太正常了,那么它作为一种文学主体,也太正常了。当然,这只是文学的主体之一。

姜:只不过,性的描写,仍然还须有一个"度"的问题。

乔:当然。

姜:坦率地说,很多作家与读者在这里都有认识或情感上的误区。在作家这里,可能写到性这方面的情节,也会有一种兴奋。

乔:这是一定的。如同写到香气扑鼻的事物,看到美丽清雅的风景,都会有作家的情绪带入。性当然也是如此。

姜:有一次我与毕飞宇聊到这件事,他认为,这一情态下的写作,需要干净,更需要节制。

乔:毕老师的话非常正确,无比正确。

姜:干净,也就是一种美学标准吧?

乔：当然。我有一个比喻：我想在自己的小说里表现的性，就像喝水，应该是一种自然状态。一个小说需要这一部分的时候就得描写，就像我们渴了需要喝水一样自然。这是一个水到渠成的过程。到什么时候写，我会把握这个分寸，遵循其间的艺术规律。总之，是要喝到解渴但不胀的地步。

对于性描写，我的态度还有两个字——诚实，比如说一男一女在房间里，情节发展到需要男的要有所动作的时候，我觉得硬要他去规规矩矩，首先对我自己就交代不过去。我问自己：这符合生活的逻辑吗？不符合，那就别去矫情。你就是矫情了，智慧的读者也不会相信。至于写到什么程度，性感不见得一定赤裸裸，赤裸裸的也不见得性感。性感是可以有多种面貌和多种方式的。我觉得可以写得很泼辣，也可以写得很羞涩，可以写得很沧桑，也可以写得很纯真。只要写得分寸情境都合适，那就好。至于干净的标准，我还拿喝水比喻：一定要把水喝进去，不能噙在嘴里喷人一身。喷人一身，那就算不得干净了。

姜：我惊奇地发现，你笔下的众多女性，竟然有很多是这种被生活挤压的边缘人物或受伤害的人物。这应该是一种发现，一种文学的发现。那这种发现是基于什么呢？仅仅是作家的良知吗？

乔：与其说是作家的良知，不如说是作家的本能。其实，不只是女性，只要是人，每个人都在被生活挤压，每个人都曾被各种各样的因素伤害过。无一例外。我认为，作家的职责之一，就是去表达被挤压的疼痛和被伤害的疼痛。

姜：《我是真的热爱你》其实是一种真正的女性生活的现实主义作品。

乔：我觉得，可以把"女性生活的"这几个字去掉，这就是一部现实主义作品。当时，文坛的一位长者给我写了一篇评论，发表在《人民日报》上，评论的题目就叫《面向现实的严峻思考》。

姜：当然，我们说了，它的主题是非常丰富和多元的。这其中，拯救应该是一个重要的主题。

乔：是的。所以在题记里我有这么一句话："能够拯救心灵的，只有心灵。"

姜：在冷红、冷紫以外，我觉得你在"妈妈桑"方捷这样的女人身上也用了非常大的力气。她的手腕，她的冷酷，她的非人性……可能，在作家创作的诸多女性形象中，这样的形象是不多见的。

乔：这样的形象在生活中应该不少，只是这么写的作家可能不多。

姜：白先勇的《金大班的最后一夜》里有近似的人物，但金大班似乎温婉多了。

乔：金大班接触的恩客层次更高些，她有理由温婉。

姜：前些时，我和潘向黎聊，潘向黎有一篇《永远的谢秋娘》。我说，潘向黎一点儿都不掩饰，明明白白地在向白先勇脱帽致敬，连题目的句式都用了"永远的尹雪艳"相似的。好了，我们不说这了。所以，毋宁说，这部小说，也是对人性的一次抄底。你抖落了人性的多重外衣，对深埋在每个人心中的"小姐"意识给予了尖锐的凸现。

乔：抄底，这个词我喜欢。够狠。不管抄得彻底不彻底，反正我是尽力去抄了，呵呵。

姜：非常有意味的是，男人的思维中，也有着这样的"小姐"意识。对，恰恰，是因为男人的存在——也可以说是坏男人的存在，才有了"小姐"的存在。是因为男人的存在，才有了女性这样的堕落。

乔：与其这样说，不如说：有了人性的存在，才会有"小姐"的存在。"小姐"的存在和男人有关，但不是绝对的关系。那些女孩子自己的欲望是属于更广袤更复杂的人性范畴。

姜：这样一来，我又觉得，你的这部书，其实也是对道德标准的一种思考与考量。

乔：可能只是有关于道德的思考和考量吧，至于标准，道德有绝对的标准吗？

姜：当初你写这本书的时候，有没有考虑过基于一种小说的道德或伦理呢？我们刚刚说的所谓节制与控制，其实也正是希望作家在这方面作出思考与判断。不得不承认现在很多作家是在一味地迎合读者,有的甚至不惜以低俗不堪的手段和方式来写小说。

乔:这本小说是我的第一个长篇小说,我称之为是我和小说的初恋。在这个小说的创作过程中,我认识到自己的创作准备有太多不足,所以才在2004年去读鲁迅文学院的高研班,开始正式训练中短篇创作。现在看来,十年前的这个长篇,诸多硬伤显而易见:议论过多,概念先行,叙述方式单一,结构线性……不过,尽管它硬伤累累,我还是要负责任地说,当初我在写的时候,凭着一种无知无畏的热忱,我一直在认知中尽力诚实地思辨,一直遵循着小说的道德和伦理,没有丝毫妥协。在性的问题上,也没有任何低俗的迎合。如果有人一定要说他读出了低俗,那我也没办法。

姜:因而,这里也有一个"度"的问题。性描写究竟到哪一个程度才算是艺术,哪一个层面是情色。

乔:用我之前的比喻接着说:把该喝的水喝进肚子里了,这就是艺术;把该喝的水喷到读者身上了,这就是情色。

姜:《我是真的热爱你》的底色,应该是黑色的。我曾经用黑色来说毕飞宇的《祖宗》。其实,贾平凹的《废都》有很长的篇幅也是以黑色为底色的。所以,你选择这两位主人公的姓氏,也似乎格外用心了。冷氏姐妹的心灵抉择,冷氏姐妹孤注一掷的赌徒式心态,因卖淫而经常出现的对灵魂的质问、心灵的悲泣,其实,都属于一种黑色的基调。

乔:是的。所以,让她们姓"冷",名字一个叫红,一个叫紫。从颜色的关系上来看:红得发紫,再往下,就是紫得发黑了。

姜:当然,这只是一个过程。这一过程结束后,小姐们往往是非常认命的。这里又引出一个问题:人们的坚守,究竟能持续多久。孔子说,吾见好德如好色者也。特别是现在这样一个价值多元的时代,人们有了更多的安慰自己的理由。

乔:是的,价值多元的时代,每个人做事都有理由,每一个理由都是利器,在保护自己的同时和别人交战。成则王,败则寇。——我的立场,就是让每个战斗的人都去说话,成也不为王,败也不为寇;都站在人性最基本的立场上去体恤,去理解,去悲悯。

姜:所以,我赞同一个评论家的看法:"冷红与冷紫的生存裂伤,是一个具有高度统摄力的道德语义符号。"这里的灵魂拯救倒反显出一种相当浪漫化的虚设。

乔:是浪漫的虚设、美好的虚设,可能也是苍白无力的虚设。但在我当时的意识里,必须得有这种虚设,不然拯救无从谈起。

其实拯救也好,社会病也罢,我还真想让我的小说成为一种意味深长的隐喻。我的很多小说,《打火机》《锈锄头》《轮椅》等都有这种隐喻的意味。我喜欢隐喻。至于"揭出病苦,引起疗救的注意",我觉得,对一个作家来说,能尽力做好的,也许只有前半句。

姜:同时也可能存在冷氏姐妹们这一类被边缘化了的人对"我是谁"的追问与迷茫。

乔:边缘化,我怀疑这个词的指向。在这个世界上,有多少人认为自己是处于中心位置的人?有多少人不是边缘化的状态?冷氏姐妹对"我是谁"的追问和迷茫,恐怕是一种最普遍的追问和迷茫吧。

姜:现在,人们喜欢用焦虑这个词。冷氏姐妹也一定有一种因自己身份的界定而产生的焦虑。如果进一步套用一下,这里可能有你作为作家的道德焦虑。

乔:是的,有。

姜:这里另一个重要的关键词是"身体"。身体叙事,在中国文坛已经不是一个新名词了。很多作家在这一领域进行了可贵的开掘。然而,恰恰是身体,女性的身体,成为一种"形而下"的可感的道德容器与量杯。用你书中的话讲,"这海水没有一点波澜,仿佛盛着它的是世界上最大的容器"。世界与女性就构成了海水与容器的关系。

乔:这句话我自己很喜欢。但我喜欢的是它难以言喻的幽深意味。如果把它具体解释为世界和女性,我觉得似乎不太合逻辑。世界和女性——女性难道不是世界的一部分吗?

姜:还有一处对话,也饶有意味:

"姐,你说这地怎么总也扫不干净啊。"冷紫问。

"地就是土做的,什么时候也扫不干净。"她带着训斥的口吻告诉冷紫。

地,《易经》上用坤卦来表示,坤也正好是女性的喻指。而在这里,地是扫不干净的,地就是土做的,扫去了浮土,下面还是土。这似乎又正是冷氏姐妹身体的象征:踏出了这一步,就万劫不复了。

乔:这只是你的理解。我的理解是,地扫不干净,这世上没有绝对的干净。

姜:当然,我明白你的所指,我只是由此想到了"坤"与女性的联系。恰恰,你后来的几篇小说,都在写这些妓女的从良与无法从良。《紫蔷薇影楼》里的小姐金盆洗手回到老家后遇到一个旧客,似乎成为《我是真的热爱你》的余绪。

乔:但是,余绪的基调已经大有不同。

三

姜:关于身体叙事的问题。有人这样评价过你:"对乔叶来说,我觉得对身体重要性的重新发现也正是她在小说创作上所取得的最宝贵的成就。"我们现在想知道你对"身体"的看法,以及它在多大程度上决定了你的写作。

乔:还是让我用中篇小说《轮椅》里的一段话来说明自己的身体观吧:"……多么不堪。人的身体。不仅要吃喝拉撒,还要病残老死。所有的丑态和洋相都是从这里开始的。还有欲望。……是的,没有什么比身体,比我们的身体更诚实的了。"

诚实的身体决定了我诚实的写作。我把诚实看作写作的第一道德。

姜:其实,也许,我们每一个人都在以身体为资本和工具。只不过,在很多人,于身体资源的使用上,不会产生"灵"与"肉"的碰撞,而关于拯救的主旨,似乎一般人也不会有太多考虑。

乔:水在平坦的河床上流动时波澜不惊,但从一个山崖坠落时便会成为怒吼的瀑布——在极端情境中,灵与肉的碰撞,堕落与拯救的主旨,就会鲜明地凸露出来。

姜:在你的小说《我承认我最怕天黑》中,这个"怕"是一种心理,恰恰这种心理,是由生理的身体引发的。刘帕可能更怕天黑后,她必须用另一种眼光审视自己白天的矜持。

乔:我一直认为,同一个人,他在白天和夜晚的情状可能是迥异的。白天是外部的,是展现,是交际,是别人眼中的造型。夜晚是内部的,是收敛,是深探,是对自我的敏感认知。而直面真实的自我往往是非常残酷的一件事。这可能就是"怕"的内核。

姜:人在黑天与白日,竟然真的可以有如此大的不同。

乔:当然,这样的不同也就是一个社会人和一个自然人的必然区分。如果一个人永远是白天的状态,或者永远是夜晚的状态,那也是不可想象的。

姜:刘帕从被强奸到"偷"人,她从对强奸的恐惧中摆脱出来,直到隐隐产生欲被强奸的渴望。这种故事,如果仅仅流于身体叙事层面,可能就只是一个情色意味非常浓的三流小说。也许那样会更好看。但现在这种情形下,你让小说有了新的走向。这一处理过程中细微的创作心态与文学心理,你是否可以具体谈谈?

乔:请允许我修正你的两个判断。一,刘帕没有偷人。她只是从一个被强奸者,过渡成了接受这种陌生性爱的特别女人。偷人,她偷了谁呢? 二,刘帕到后来也没有隐隐产生欲被强奸的渴望,可能她更享受的是陌生的直接的性关系所带来的本质感。我觉得我在小说里说得很明白:"为了金钱破窗而入,他原本就是一个抢劫犯。为了自保委曲求全,她原本就是一个受害者。但在身体缠绕的那些时刻,她不得不承认,他们都只是男人和女人,再简单不过,再纯粹不过。这种简单和纯粹,她不能否认是一种享受。即使,他们是如此陌生。……但或许,这种享受的源泉,也正是他们的陌生。……因为陌生而舒展,因为陌生而自由,因为陌生而放肆了彼此的渴望。"而在小说的结尾,当刘帕确认这个陌生人是同事的表弟之后,也就是说在世俗关系上他们不再陌生之后,她就"跑到卫生间里,干呕起来"。

姜:在这里,你是不是一直紧紧抓住刘帕的"怕"这一节点?

乔:怕,这只是小说最初的一种情绪表达。"刘帕的夜晚是和自己的手指度过的,她觉得这挺好。虽然有时候,她用双臂抱住自己的那一刻,也会突然泪流满面。"这就是最初的情绪,那时候她对男人还有想法,还有期待,所以还对自己的寂寞黑夜觉得畏惧。但到后来,经历了那么多事后,对男人已经不抱期望之后,她已经不怕了。她接受了自己的寂寞,也接受了自己的手对夜晚的意义。所以最后,我特意描写了她精致的手:"她的每个指甲盖上都涂着一层极淡的银光,宛若一汪汪小小的湖。每一汪湖面上,都开着一朵极玲珑极淡雅的花。"

姜:与身体叙事最为相关的,就是性别意识。这里,我们也就顺其自然地提到女性叙事视角的问题。在《取暖》《打火机》《锈锄头》《山楂树》《轮椅》中,女性视角渐次丰满而突出。对了,《取暖》又是一个"强奸"的故事。男主角是一个强奸犯,女主角是另一起强奸案的受害者。"取暖"的关系一产生,我就在想一个问题,这两个人其实都是被抛弃者。由此我想到一个问题。郁达夫当年写性的小说特别多,他是借助于"零余者"的形象来展示的。世易时移,在你的小说里,我们看到了另一个惊人的角度:当更多的人在感叹"底层"与"边缘"的时候,你则把这个层面又向前推进了一步,告诉人们,这些人其实是被抛弃者。不知当初是不是这一点引发了你的写作冲动。

乔:谁抛弃了这些人?谁能抛弃他们?除了他们自己?我觉得我想说的恰恰是:没有谁能抛弃谁。在那些看似被抛弃的角落里,其实有着那个世界自足的逻辑和温暖。

姜:因而,这样一来,像我们刚刚讨论过的《守口如瓶》(从这个意思上讲,这样的题目才更有意蕴,比后来的名字更见深度与力量)、《我承认我最怕天黑》等,其实都是在人与社会之间架构了一种对话关系。

乔：是的。而其实，所有有意义的创作都应该具有这种对话关系。

姜：《打火机》的故事同样与强奸相关。"问题少女"余真在16岁被人强奸后开始转变，这是否可以看成是个体对社会强势价值观的妥协呢？

乔："个体对社会强势价值观的妥协"，嗯，似乎是有这个基因。但或许，也是一个女人对自我的特别认知过程。

姜：这里的妥协与挣扎心理，我们得承认，非常精彩。一个女人的内心是一座动物园，她以为那些兽都死了，其实它们只是冬眠了。"兽""野兽"都是非常好的心灵外化的表征。

乔：呵呵，这个比喻我也喜欢。在生活中，很多人内心都有一个动物园，很多人都是动物园园长。

姜：我读《打火机》时，就觉得，可能正是这些小说语言，支撑起了这篇小说作为优秀小说的全部意义。

乔：我不太明白，你的意思是说《打火机》的全部意义就是小说语言，还是说《打火机》的意义通过这些小说语言支撑了起来？如果是前者，我不能认同。一方面过度表扬了我的小说语言，一方面又忽略了我的写作初衷。虽然《打火机》的小说语言比较出彩，有可说性。但我绝不认为语言就是这个小说的全部意义。而且，当一个小说只有小说语言是意义的话，那绝对不能算是优秀小说。——那么我就把你的意思理解为后者：《打火机》的意义通过这些小说语言支撑了起来。这是当然的。至于《打火机》的意义，坦率地说，很难总结。我知道很多人读过之后，都不知道该怎么总结。这很好。我想要的就是这个效果：不好总结。那个结尾有诸多象征：那个年过三十的小妇人，她在暗夜里打着了打火机，"蓝色的火苗顺畅地喷涌了出来。夜空一般纯净的蓝色。一瞬间，整个房间的重量，似乎都集中在了这一束光上。"——打火机的光和光照着的那张脸，都不好测量，难以总结。

姜：这里，我其实是指内涵与形式的完美统一。在这个问题上，中国多数作家都是不及格的。所以，有个问题，譬如强奸，有人认为在你这里，这种暴行被你颠覆了。但我认为，在这里，你把强奸写得温情脉脉，甚至成了唤醒和成全的契机。所以，说到这里，我觉得，小说的伦理其实可以与主流价值观和传统伦理保持一种疏离与相悖的关系。不然的话，《洛丽塔》《睡美人》《朗读者》这些杰出的作品便统统不能成立了。

乔：是啊。甚至极端一点儿说，如果把主流价值观和传统伦理比喻成阳关道的话，小说的伦理就是要走自己的独木桥。阳光道的去向人人可见，独木桥的去向则"曲径通幽处，禅房花木深"。总之，小说如果不能提供给我们那些特殊的个性化的感受世界和感受生活的意识和角度，我们为什么还要写小说？人们为什么还要读小说？

姜：你说过小说家有小说家的小说道德。这应该是无可争议的。可惜，现在，这样的道德律，还只是一种文学律，并不能为更多的人所接受。坦率说，雨果为法兰西准备了读者，我们的作家还没有造就出真正的读者。

乔：我写作首先是为了让自己接受，为了让自己和自己相处。而不是为了让更多人去接受。如果有更多的人接受我的作品，当然我不拒绝，还会很喜悦。我不知道法兰西有多少准备好的读者，无论有多少，我相信，和人群的基数相比，那也只是少数。这或许就是文学的命运：真正的写作者和真正的读者都是少数人。我相信，中国有真正的读者，虽然少，但是有。

姜：何况，我说过，你用好的小说语言支撑起了小说的有机主体："……她一直在自欺欺人。她从没有忘记那件事。她没有能力忘记。她一直在记着那个人。那个人走进她梦的深处，心的深处，思想深处，灵魂深处，骨头缝的深处，针挑不出，风吹不出，水灌不出，火烧不出，雨泡不出。她抱着他，一夜一夜。她把他抱熟了，抱成了一个亲人。而他之所以能成为她的亲人，是因为他对她做了最恶毒的事。他对她的恶毒，超过了她做过的所有的小小的恶毒的总和。他让她一头栽进一个漫长的梦魇里，睡不过去，也醒不过来。""余真忽然明白,她就是一个童年没过完的孩子。她的心里有一块地儿被困在了那个夜晚,被冻进了那个夜晚的冰箱,被硬性保鲜了。"有了这样的语言,我们还有什么可说的呢?

乔:语言是思维的呈现,是思维的末端。所以,《打火机》被读者喜欢,绝不仅仅是因为它的语言。

姜:这样的小说语言,应该得益于你当年写了不少散文?

乔:应该有相当的渊源。写了那么多年散文,我动辄爱用让人头晕眼花的排比句,有些"炫"。去年见到毕飞宇老师,说到这个问题,他纵容我说:"应该炫。你现在这个时期不炫,什么时候炫?"

姜:不过,关于《打火机》,读者已经有了很多评论。上次看《后窗四人谈》,出现了关于小说的"格"的问题,我觉得问题有点意思。这与我平常常说起的文学有机本体论一样。文学既然是有机的,那么就势必与人一样:人有人格,小说有小说格。因而,这篇小说也就肯定会遭遇小说伦理学的问题。你是如何看待小说的伦理的?

乔:无论有多少关于小说伦理的说辞,我只认可奥地利小说家布洛赫说过的一句话,他说:"小说只有发现小说才能发现的真理,这才是小说唯一的道德。"

四

姜:《锈锄头》写放在"外宅"的那把生锈了的锄头,也挺好玩的。我们刚刚说的你的几篇小说,其实也有人说了,好玩!这把锈锄头,其实只是一个收藏品,已经从它原来的语境中被剥离出来了。但后来,它竟然又恢复了功用,重新成为实实在在的"物",被用来杀死了一个入室盗窃者。而这个被杀的人恰好是个农民——一个一生用锄头的人。颇有点以其人之道还治其人之身的味儿了。但这样一来,李宝民的信念与精神也随着锄头的被血沾染而全部消逝。我在猜想,这篇小说,可能是你准备作为你的创作拐点的,你想从这里出发,让小说获得更多的精神意蕴或信仰疼痛。

乔:那是我2006年的作品。2006年开始,《打火机》和《锈锄头》都有这方面的努力,探询精神领地的复杂和精神意蕴的幽深。

姜:你在小说集《我承认我最怕天黑》的序言《我和小说》中说小说"博大、丰富、辽阔和深邃",可能,你的小说观真正形成是在这个时候。

乔:作为一个刚刚开始写小说的人,那是我对小说世界的爱慕之辞,也是我心目中理想的小说境界。不过真正落实到自己的创作中,我不敢说那就是我的小说观。在我的意识里,小说观是长期实践后才能总结的心得,我的小说观还没有到形成的时候。

姜:这样,我们势必就要谈到你的文学准备。你的文学观是什么样的?

乔:我在鲁迅文学院读书时的小说组导师李敬泽先生曾说:"作为小说家,一直有两个乔叶在争辩:那个乖巧的、知道我们是多么需要安慰的小说家,和那个凶悍的、立志发现人性和生活之本相的小说家。"我选取后者中的那些定语作为我的文学观:立志发现人性和生活之本相,对了,还有一个定语:凶悍的。

姜:哪些中外作家给了你什么样的影响?

乔:曹雪芹、兰陵笑笑生、夏绿蒂·勃朗特、狄更斯、诺曼·梅勒、卡波特、三毛、琼瑶、亦舒、远藤周作、卡夫卡……如果不限篇幅,这会是一个非常长的名单。他们的影响有的在结构上,有的在语言上,有的在意识上,有的兼而有之,是难以梳理的化学反应。

姜:先锋文学这一代作家有没有对你产生过影响?我觉得《锈锄头》还是有着先锋意味的。

乔:呵呵,虽然在先锋文学的天空上,他们早已经飞过,但他们的翅膀我看到过,也感受过他们翅膀投下的阴凉。余华、格非、苏童,都是我喜欢的作家。

姜:这次你的其他一类的作品,我们没有充分谈到,甚为遗憾。像《轮椅》《解决》《不可抗力》《普通话》《山楂树》等其实都可以一谈的。而像《最慢的是活着》这一篇,也大有可说之处。可惜,这次未能尽兴畅聊。

乔：没关系，将来有机会再聊。

姜：最近有什么动静？下一部作品准备往哪个方向上写？

乔：去年写了一个关于拆迁的非虚构作品，名叫《拆楼记》，刚刚出版。下部作品是一个长篇，还没有考虑成熟，不好妄言。

（原载于《西湖》2013年第10期）

我的作品不是精神"甜品",不提供简单的幸福

"70后"作家没有错过成名的最好年龄,
成长是一件特别需要耐心的事

李金哲(《青年报》记者):您是"70后"的代表性作家之一。此前作家夏烈主编过一本反映"'70后'女作家小说国"的书《袈裟扣》,收录的作品均是反映都市生活的,您的作品《失语症》也被收录在内。在您看来,"70后"女作家建立的"小说国"有什么特点?

乔叶:我认为由夏烈来回答这个问题可能更为合适。如果一定要我来谈,以我所见,每个小说家都在用文字建立自己的"小说国","小说国"属于每个小说家。群体性命名的"小说国"是什么样的,很难想象。如果一定要命名,勉强可算是一个"联合国"吧。既然是如此情形,那就是各有特点,难以备述。

实际上我一直不能认同把作家们的代际划分得那么清楚,当然这样大众媒体和评论界归类起来可能会省事一些。王安忆老师曾在一个会议上对青年作家说:"……再有二十、三十年过去,回头看,我们和你们其实是一代人。文学的时间和现实的时间不同,它的容量是根据思想的浓度,思想的浓度也许又根据历史的剧烈程度,总之,它除去自然的流逝,还要依凭于价值……"在这个意义上,无论是哪个代际的作家,他们所处的共同的时代背景其实不必多说,具体到每个人,都只能用自己的作品来定位自己,这才是最根本的。而每一代作家在写作中面临的困境和障碍也都是无可避免的,所谓的特点也要依靠各自的写作风格来彰显。

李金哲:有人认为"70后"作家是处于夹缝之中的一代,既没有前辈"50、60后"那种成名的好时代,又错过了"80、90后"成名的

好年龄,您是怎么看的?您目前算是成功的,在成功的路上您有哪些难以忘怀的经历?

乔叶:对于"70后"的代际尴尬,每次接受采访都会被媒体问起。我也有我的习惯性回答:所谓"70后",不过是大众媒体和评论界对这些人比较方便的称呼而已,我觉得不是什么很有质量的标签。写作说到底是个人的事,也都是拿作品说话的事。至于前辈们的压迫和后辈们的冲击造成的"夹缝",我觉得似乎也是一个伪问题。作家的成长是一件顺其自然的事,也是一件特别需要耐心的事,最大的"70后"也才不到五十岁,就写作而言,还有充分的时间来接受检验,怎么就成了"错过了"呢?前些时间有媒体问我,是不是会觉得被低估,我说:"从来没有觉得被低估,偶尔觉得被高估。"——不知道其他领域如何,文学这个领域,有一种不言自明:你写得好,就不会被淹没。所以,其实不必为"70后"着急,"70后"自己也不用着急。

至于"成功",这也是一个很可疑的词。把成功这个词来和我扯上关系,我一向觉得很陌生。回首来路,难以忘怀的皆是形形色色的失败,不堪一顾。

我不负责提供简单的幸福,
作家应该提供的是具有复杂深度的甜

李金哲:在中国现代性和都市生活快速发展的今天,人的精神也发生着变迁。文学是反映时代最好的方式之一,在这个过程中,作为女性作家,您是否更为关注女性精神世界的变化?

乔叶:女性人物在我的小说中出现得确实比较多,因为同为女人,写起来可能比较容易抵达。所以关注女性精神世界是很自然的选择。但写作如果仅限于个人经验或者和自己很贴近的某类人的经验,那正如张爱玲说过的那样:"通篇我我我的身边文学是要挨骂的。最近我在一本英文书上看到两句话,借来骂那种对于自己过分感到兴趣的作家,倒是非常恰当:他们花费一辈子的时间瞪眼看自己的肚脐,并且想法子寻找,可有其他的人也感到兴趣的,叫人家也来瞪眼看。"

再怎么说,肚脐眼还是小,看够了就得把目光投向其他地方。所以我尽力让自己的关注不仅限于女性,当然也不仅限于男性,总之不被性别所困扰,只关注于男性女性通用的那个词:人性。

李金哲:就您的作品而言,您从不同侧面反映了当下都市女性的不安和焦虑,比如《失语症》里不断想要离婚却始终开不了口的尤优,《最慢的是活着》中因奶奶去世而失去安全感的"我",以及《拆楼记》中想要在拆迁中多得利益而倍感焦虑的姐姐。为什么您更想书写这些罪和这些焦虑的话题,而不是让人感到幸福的作品?

乔叶:赫尔曼·布洛赫曾说,小说家只需要遵循小说的道德。我觉得这是一条金律。在创作中,我要的不是常规审美中的"幸福",我要的是文学意义的丰富。我觉得这就是文学或者说是小说的伦理。你读《红楼梦》时幸福吗?读《罪与罚》时幸福吗?读《包法利夫人》时幸福吗?读鲁迅、萧红的作品时幸福吗?很多文学作品不是精神"甜品",不负责提供简单的幸福。当然,其中也有甜,但这甜一定是具有复杂深度的甜。比如,你读列夫·托尔斯泰的《安娜·卡列尼娜》,要是以一般的社会道德来追问:托尔斯泰写这个东西是什么立场?他到底要歌颂什么赞美什么?他不能就写安娜的幸福生活吗?这个就没法说了。但是你看他把安娜写得,让大家那么喜爱,对她充满了同情,一个正常情商和智商的人都能理解她,理解她的痛苦和她的选择。以至于多少年之后的读者读到她,依然会为她流下泪水,我觉得这就是一个作家应该提供的具有复杂深度的甜,是高质量的阅读和思考,也即高质量的幸福。

评论家张莉曾说:"作家就是要向人性的更深处探寻,以带领我们更深入理解和认知这个世界。一位大作家,面对人性的深渊首先应该是不回避……他们写的是人性,写的是人性的善与恶的交集处和混沌处,他们写的是我们凡人所不能抵达之地。我以为,伟大作家首先要有个强大的、有承受力的心脏,他必得是'临渊的勇者'。"我很喜欢这段话,虽不能至,心向往之。

李金哲：您在作品中以温和或者激烈的方式写了那么多都市人的精神问题，他们不安、困惑、隐忍、焦虑，某种程度上是否也是您纾解焦虑的一种方式？

乔叶：我的作品里有很多以"我"为叙述角度的，当然要有很多自我的东西。但请不要把作品里的"我"和作品背后的我画上对应线。每个人都有多种面目和身份，我也一样。就写作伦理而言，我作品中的每一个人都不是我，不过，也都是我。他们都是一部分的我，也是我的一部分。他们的一切情绪，我都得经历和体验，包括焦虑。写作能让这一切得到有效的纾解，"轻微的毒"也常常因此得解。

李金哲：在您书写这些不满于生活的作品背后，我似乎看到了您对更公平合理更幸福生活的渴求，在您内心，什么能够让您获得安全感？您的理想生活是怎样的？

乔叶："不满于生活的作品背后"——有多少人是因为满于生活而写作呢？我也一直以为，没有什么是绝对的安全感。安全感都是相对的，比如今天，到医院体检，医生告知我一切都好，那我就获得了安全感。回到家里，孩子也刚好放学回来，看到他，我的安全感几乎爆棚。至于理想生活的指标，真是一言难尽，不说也罢。

不论是非虚构还是虚构，文学样式的门的是相通的，只要你认为必要，就可以随时串门

李金哲：您的《拆楼记》是您的第一部长篇非虚构作品，涉及"拆迁"话题，为何要通过非虚构这种方式呢？

乔叶：首先，因为这种事情确实是非虚构。其次，这种非虚构被我看见了。其实一直都在看见，但是因为本能地知道这种事件写起来有多么难，潜意识里就在知难而退。直到2010年，《人民文学》杂志社发起了"人民大地·行动者"写作计划，宗旨是以"吾土吾民"的情怀，以各种非虚构的体裁和方式，深度表现社会生活的各个领域和层面，表现中国人在此时代丰富多样的经验。这个计

划特别注重作者的"行动"和"在场",鼓励对特定现象、事件的深入考察和体验。我加入了这个计划,获得了决定性的力量。于是从2010年冬到2011年春,我近乎强迫地让自己把目光集中在这个事件之上,在克服了一段心理障碍之后,就有了它。

李金哲:不少非虚构作品都有纪实的目的,有新闻性,比如去年诺贝尔文学奖获得者阿列克谢耶维奇的作品,她以口述史的方式来反映人们的内心想法,而您不同,是以小说的方式,您如何看待非虚构和小说的结合,以及近两年来在文学界掀起的非虚构思潮?

乔叶:非虚构思潮近年来备受关注,其社会意义和文学意义有目共睹,无须多言。我还是重点谈谈非虚构小说吧。在我浅薄的理解中,所谓的非虚构小说,就是非虚构的小说,或者说就是小说化的非虚构。之所以想用非虚构的小说或者小说化的非虚构来写这个题材,是想用小说化的技巧来优化我想传达出的那种真实感,使我想传达出的真实感能够以一种更集中更有趣也更富有细节和温度的方式来展现在读者面前,使读者能够看到在这样的事件中——这样很容易把具体的人心和人性遮蔽住的事件中——活生生的人心和人性。总之,就是想用小说这个利刃插进事件的骨缝中,在小角度尽力解剖巨牛的同时,也使得整个叙述效果更为趋真。

这个我们听起来很新的称谓其实一点儿都不新了,在美国甚至已经成为一种文学传统。它是暧昧不明的,但它最吸引我的魅力也正在于它的暧昧不明。暧昧不明就那么不好?小说难道就必是纯虚构?其他文体难道就必不虚构?文学样式之间就必得楚河汉界、水火不容?我认为每种样式之间的门都是相通的,只要你愿意,只要你认为有必要,就可以随便串门。所以我写的时候,就只想尽力抵达我最想要的那种真实,哪种表达方式顺手就用哪种,没有顾忌那么多,事实上也顾忌不了那么多。也许,还是用《人民文学》杂志的口号来总结才更为恰当:人民大地,文学无疆。

对于乡，我不是愁，是疼痛。拆迁让淳朴的民风、厚道的人情、古老的传统、稳定的秩序都已不复

李金哲：透过故事，我看到了拆迁过程中人备受精神煎熬。"拆"是破，"迁"则是立，在破与立之间，必定会对我们久已形成的精神家园造成影响。梁鸿曾点出，拆迁拆的并不只是房子，拆的还是一种生活方式，在这种生活方式背后是一整套的道德模式、生活存在方式，当然也是一种文明状态。您觉得获得更好的生活，是依靠固守原来的生活方式，还是适应改变，建立一种新的生活方式？

乔叶："拆迁"是城市化进程的一个现实程序，这个程序是一辆气势磅礴的大车，它轰隆隆地向前开去。它的轮胎下碾碎了多少东西，我想，有过乡村生活经验的人多少都会有所体会：淳朴的民风、厚道的人情、古老的传统、稳定的秩序……这些都已不复。当然，这个世界唯一不变的只有变。因此对于变化本身，我能够以相对平静的心态接受。但这个世界无论如何变化，总有些内核的东西应该相对稳定，所以让我内心动荡难安的就是变得混乱，变得突兀，变得不合节奏和规律。也因此，有媒体问我有乡愁吗？我的回答是：对于乡，我不是愁，是疼痛。

李金哲：身处其中的女性似乎对拆迁更为敏感，故事中的姐姐就是想要扩大面积多得房的始作俑者，但是男性更具有决定作用，比如故事中的"我"必须要去请老教师帮忙。男性倒成了关键人物。您怎样看待在拆迁中男性和女性角色之间的这种不同？又是如何通过故事来表现其中的戏剧性？

乔叶：其中的女人不关键吗？姨妈、姐姐还有"我"。其实在拆迁这样复杂的事件中，性别差异很弱，无论是男人还是女人，大家都是被利益倾轧的人而已。至于戏剧性，只要诚实地面对生活即可，因为这样的故事在生活中本身就很有戏剧性。

李金哲：故事中涉及的人物，几乎都是我们身边所熟悉所认识的人，可以说是平日里不被人关注又显沉默的大多数。您的伟大

之处在于,把普通老百姓埋藏内心深处的算计都展现出来了,比如为了多分点楼房,不惜送礼托关系,违规扩建自家拆迁院落等等。您怎样看待这其中的"算计"? 他们真的是在算计钱和房子吗?

乔叶:"伟大"这个词从来和我就没关系。我是个极其平凡的写作者,所以很喜欢写身边那些极其平凡的人。我写他们的喜怒哀乐,还有你说的,他们的算计——说到底,钱和房子都是庸俗的利益,而这些庸俗的利益往往决定着不庸俗的精神,你是否有安全感,你的幸福指数有多高,等等。所以,他们的算计是多么必然啊。现实生活中,有几个人能逃离得了这样的算计呢?

(原载于《青年报》2016 年 11 月 6 日)

时光闲逛中的文学老灵魂
——流浪、观察、絮语与叙述

郭艳(鲁迅文学院教务部主任、著名评论家,以下简称"郭"):中国当下的写作者远离"学而优则仕"的古典人生样态,也不同于近百年中国社会外辱内乱的苦难境遇,同时也日渐远离政治、阶级斗争意识形态桎梏下板结固化的思维模式,写作者们被抛入传统到现代的社会巨大转型中,个体盲目地置身于无序而焦虑的生活流之中。这些人是时光中的闲逛者,是生活夹缝中的观察者,是波涛汹涌资本浪潮中的溃败者,是城乡结合部逡巡于光明与阴暗的流浪者……而对于这些人来说,当下中国社会狂想般无极限的现实存在,真的如波德莱尔所言"一切对我都成为寓言"。由此从文学史背景而言,中国写作者与古典文学兴观群怨、怡情养性的诗教传统断裂,写作既无法直接和庙堂国家接轨,又无法真正回到自娱自乐的文人文化状态。作为实力派作家,请谈谈你对这个问题的思考以及自身的文学定位。

乔叶(以下简称"乔"):我从没有想过定位这回事。以庙堂国家的宏大角度去看,写作从来就是一件边缘之事,没有体量去和庙堂国家横平竖直地接轨,但杰出的文学作品会以自己的方式在历史内部与这些概念血肉相融地运行,成为时代的精微脚注和有力旁白。至于当下这个时代,毫无疑问,对于写作者而言既是财富也是噩梦,全看你自己的能力。对此我心有惶恐,又常感幸运。无可怨艾,只有尽力。正如哈金所言:"每个人的写作都是个人行为,文学写作的终极目的是超越历史……一切都必须从你的时代开始,只有通过你的时代才能超越你的时代。"

郭:当下更多作家开始注重现代日常和个体生存经验的审美

维度,而现代日常经验的文学性和审美维度的转换则是一个较为漫长的培育过程。而我们当下的日常生活,越来越陷入被物质遮蔽的境遇,我们怎样去直击被遮蔽之后的个体精神生活?艺术不是发现幽暗,而是在幽暗区域挣扎,在探索中抵达光亮。我们如何找到现代性悖论中光亮性的东西,包括意象,也包括意境。请谈谈您的看法。

乔:其实不用太刻意地去找,因为光亮一直就在那里,只要我们脚步坚定,就能慢慢向它靠近。任何光亮都是如此,包括"现代性悖论"中的光亮。而文学世界里的任何光亮,说到底都是人性的光亮。以我的写作体验,每当我在小说里写到一个人,只要静下心来,在一个想象的角落里耐心地看着他,都会看到动人的光亮。今年《天津文学》第5期发表了我的一个短篇小说,名为《送别》。其中写到两个男人在花街柳巷的暧昧之地邂逅,最初是厌恶、忌惮、戒备和仇恨,但渐渐便多了会意和体恤,到后来甚至有了复杂的温暖和深切的相知——这就是他们的光亮,哪怕他们在最黑暗的地方。

郭:中国人对于城市的想象乃至于在城市中实际的生存经验迥异于欧美社会,具有新旧杂糅的复杂特征。现代日常性叙事中呈现出一个有别于苦难和残酷人生经历的中国叙事。中国城市化的过程中,数以亿计的进城淘金者可以汇聚成一个巨大的奔跑的人。这个从乡土出走的巨人漂在中国的大中城市,吸引他们的是现代城市和城市生存方式:个体的、自我的、封闭的、冷漠的、又各自相安的私人化生活。贫富差距依旧触目惊心,然而却被混迹于快餐店、超市、百货公司甚至于公园景点的人流冲淡,且在无数的霓虹灯和广告的暗示下,人人都觉得自己正在或将要拥有机遇与财富,成为城市的主人。无数个中国人都是这样一个个拥堵在现代性时间维度上的淘金者。这些淘金者乐于摆脱乡土伦理羁绊,迷恋现代都市,既是时代的主流人群又是当下主流社会的边缘人。请谈谈您对主流人群与主流社会边缘人的理解。

乔:我第一次发现主流人群和主流社会不画等号。如果没有物质和精神的有力倚仗，主流人群就不能进入主流社会，这很残酷。但就文学意义而言，就是这些人，最是充满了生机勃勃的可能性，他们有欲望，有梦想，有煎熬，有挣扎，有痛苦。这些都是文学的沃土。身为一个写作者，一个进城工作将近二十年的乡下女子，我特别理解他们，也特别心疼他们。虽然我对他们爱莫能助。而在对他们进行整体观照之后，我的爱，最终只能也必须通过文字落实到人身上。而人，是一个，一个，又一个的。是具体的，活生生的，有血有肉的。谁和谁都不一样。

郭：中国广大乡土依然作为现代性未完成的事实广泛存在，人身心摇动不安，情感混乱迷惑，灵魂下沉挣扎。农民进城和大学生在城市的屈辱遭际一样成为新的问题小说，这些和社会同步的写作，在相当大的程度上双向解构了对于"现代文明"的认知——所谓的"进步"依然是一个必须被不断质疑和重新估量的词语。请谈谈您对问题小说与审美现代性之间关系的理解。

乔：所有的小说都是写问题的，哪怕是最抒情的那种。至于"中国广大乡土依然作为现代性未完成的事实广泛存在"，我怀疑真正的完成——尤其是精神上的、骨髓里的完成，是任何学者或者研究机构都无法分析和预测的，这种完成的过程一定会非常漫长和遥远，同时也会跌宕起伏迤逦有致。而这个过程中盛放的那些文学之花，也必定沾染着现代性审美的颜色，携带着现代性审美的气息，包括我自己的小说。至于现代性的成分和质地到底如何，我很期待你们这些优秀的评析者能够给出精彩的论断。

（原载于《青年文学》2016 年第 9 期，有删节）

两个干净人的爱情
——乔叶新作《藏珠记》访谈

唐朝天宝年间,一位病入膏肓的波斯商人,临终前将一颗珠子送给了收留他的客栈老板的女儿。因为这颗珠子,女孩得以长生不老,但前提是不能与男人交合。一千多年来,女孩恪守着这条严律,直到遇到了出身烹饪世家、帅气痴情同时背负诸多秘密的年轻厨师……

近日,作家乔叶的最新长篇小说《藏珠记》由作家出版社出版。这是乔叶继《拆楼记》《认罪书》引发文坛广泛关注之后,沉潜四年精心打磨的又一力作。

"珠藏心,爱予人",新书的扉页上,乔叶精心写上这六个字,然后稳稳拓上为此书特制的"慧眼识珠"的朱印。北京国际图书博览会期间,签完了近千本新书之后,乔叶就《藏珠记》的创作情况接受了本报专访。

揪住青春的尾巴致青春

记者:《藏珠记》和您之前的《拆楼记》《认罪书》内容大相径庭,为什么要写这样一个爱情小说?

乔叶:2013年,我完成了《认罪书》,这个小说写得很沉重,之后就想写个轻松点的小说。爱情和美食,千年处女和帅哥厨师,这样的关键词看着就活色生香,有娱乐性甚至戏谑感,是吧?本质上说,这是一本满足我自己的小说,算是揪住青春的尾巴,写这么一个小说致青春。

本来以为会写得幽默好玩,可是写着写着还是严肃了起来。

在这本书的后记里,我说这本书是为了满足自己某些厚颜无耻的畅想。什么畅想呢?就是我不止一次地想,如果可以重回青春时光,我会遇到怎样的爱,我的爱和被爱,会不会比现在好一些。这里的爱,当然就是爱情。其实我一直想写一本关于爱情的书,探讨爱和被爱的问题。父母子女的爱是被血缘关系早就决定了的,是天然的无条件的,但是在爱情意义上去爱和被爱,却是要面向血缘之外的人,一个陌生的人怎么纳入自己的生命?这特别有人性深度和社会深度,特别值得思考和探讨,所以也可以理解为什么爱情会在古今中外的文学作品里占据那么大的份额。

记者:《藏珠记》的角色设置很有意思,刚开始以为是个穿越的故事,其实不是穿越,而是让女主从历史中走来。反穿越的设置会给写作带来哪些不同?

乔叶:写《藏珠记》前我在追《来自星星的你》,感觉其中的人物设置很好,但我最不满意的是韩剧让男主开了无比强大的外挂,可以随意穿墙破壁,可以让时间静止,可以千里听音,可以因为不死之身积累巨额财富。说到底,我还是一个现实主义作家,虽然这个小说有着异想天开之处,但是剥掉穿越的外衣,我遵循的还是现实写作的逻辑。

《藏珠记》的女主唐珠特别不开外挂,唯一的外挂是吃了波斯人的珠子,可以长生不老,但往后全靠她自己结结实实地以一具肉身活到现在。唐珠不漂亮,很平凡,"藏珠记"其实有女主隐藏在茫茫人海的意思。无亲无故,这一千多年一天天活下来,她是怎么生活的,用过什么碗,照过什么镜子,住过什么房子?要在世界上立身,她还要做各种各样的职业。这些都需要考虑,要做功课,做功课当然要费工夫,但是也很有意思。

缘于工匠精神的纯粹人性

记者:唐珠历经千年没有迎来爱情,在当代碰到出身烹饪世家的金泽却轰轰烈烈地爱上了。小说里的唐珠很爱吃,在唐珠的词典中"安慰"其实就是"安胃",所以她才会爱上一个厨师吗?

乔叶:喜欢美食是唐珠的基础人设,所以她才会吃下波斯人给的珠子,然后故事就此开始,是吧?美食的作用当然也不仅如此,这条线一方面是为了展示我们的博大精深的饮食文化,另一方面也可以充分展现男主金泽的魅力。因为爱美食,他的厨师身份自然就对唐珠有吸引力,但她活了一千多年,一定见过很多厨师,为什么对这个就能这么爱呢?如果一定要有个最简单的答案,我想说,这是因为他们两个都很干净。唐珠的干净是因为千年光阴对她的淘洗,让她看够了丑恶和贪婪,也明了了很多世俗的欲望没有意义,是被动的干净。金泽呢,是没落的官二代,出身厨师世家,有很多毛病,也有很多优点。但总的来说,他秉性健康、饱满、不世俗,因为爷爷熏陶出来的强烈的工匠精神,他专注于厨艺而显得很纯粹,这些都是他吸引女主的重要原因。金泽的手艺是老成的,但他人是年轻的,从身到心。而唐珠是苍老的,主要是心。可她在爱情上又是很稚嫩的,一片纯真。这两个人的爱情,真的就是两个干净人的爱情。

记者:听说您为了写厨师,采访了很多豫菜大师?

乔叶:嗯。其实和他们早就认识,因为我也爱吃,是个吃货。但在写这个小说之前,吃就只是吃,并不在意这一道道美食的前世今生,更不知道这些美食所隐藏的地域文化底蕴。动意写《藏珠记》后,我就开始留心。有一位国家级豫菜大师,他叫李志顺,我采访他的次数最多。他的老家在长垣,长垣是中国厨师之乡,他的师傅叫侯瑞轩,曾是钓鱼台国宾馆的总厨师长。李志顺是师傅收的最后一个徒弟,李老师很聪明,读书无数,勤于思考。我每次听他聊都像在听课,收获满满,津津有味。《藏珠记》中有一个章节名叫《厨师课》,里面的内容基本都来自于李老师,我只是做了个简单的梳理和整合。我相信读到这一章节的朋友,会对我们河南的饮食文化有意外的认识。

记者:书中提到一个"惊黄瓜资格证",真的有吗?

乔叶：证是厨师们开的玩笑，但"惊黄瓜"是真的。他们不说"拍黄瓜"，而说"惊黄瓜"，第一次听到李老师讲的时候我感叹了半天，觉得太生动了，仿佛看到了黄瓜们被拍时的表情。又比如我们说把韭菜"码"一下，他们会说是把韭菜"梳"一下，好像韭菜像小女孩的头发。在他们眼里，食材不是静止的孤单的，食材好像都是有生命的人。他们一看到食材，就能历数这些食材的前生今世，这个菜是哪儿产的？长得什么样？什么状态收割的？放了多久？湿度多少？干菜泡发后什么样？配上料会是什么味道？他们全都了然于胸。谈到深处，你还能从中悟出很多人生的道理。比如他们讲到天道和天规，除了我们知道的二十四节气，还有七十二风候，风候对食材的成长非常重要。在精于专业的厨师们看来，在野地里长的茄子和在院子里长的味道是不一样的，和大棚里的就更不一样了，他们能吃出其中的不同。又比如人类要顺应大自然，一定要吃时令菜，冬天就得常吃萝卜和白菜。如果一定要反季节，其实是不科学的。另外，冬天萝卜白菜不值钱，但营养最好，穷人吃得起，富人也需要吃，这就是大自然的恩典，它呵护我们的心态是众生平等的。

倾听，尝到采访的甜头

记者：我感觉您的采访做的好像是新闻媒体的工作。作家很多时候应该是靠天马行空的想象吧？但您最近几部长篇，都有扎实的采访做基础。在您看来，采访和想象在作家的创作中是怎样的关系？

乔叶：想象力当然很重要，是写作的基本生产力，但是要走下去，深度采访也很重要。我现在大大尝到了采访的甜头，总是能得到丰足的收获。写《拆楼记》时，是以我姐姐家的事为原型，根脉都是老家的人，很熟悉，所以能谈得很深。《拆楼记》是非虚构小说，采访素材采用度能到百分之五十。我觉得《拆楼记》比较大地发挥了我个人的主观性,包括我的认识、情感、想象,还有我对素材的拼接、处理。采访对想象会有局限甚至伤害吗?我觉得不。关键要看作家自己怎么去平衡,对于采访素材的处理,应该既要依赖素材,又不能被素材绑架,被素材淹没。

写《藏珠记》时,在厨艺方面的采访做得很多,但写到小说里的并不算多。其实常常会有这样的情况,有很多采访素材在小说里用不上,可即使用不上也要把采访做得扎实,这样我下笔时心里才能踏实。我总是觉得,这样写作才有底气,这种心态在作品中也会形成一种气质。

记者:作家的采访有什么特别的地方?

乔叶:不像你们记者带着明显的目的性。我就是跟他们聊天,把聊天当成隐性的采访。我跟李志顺老师聊天,完全就是学生听老师讲课的姿态。在他们面前不要逞能,不要觉得自己很懂,他们在这个行业就是专家,一定要尊重他们。我觉得如果说我有什么优点的话,可以说我是一个比较好的倾听者。一般来说,当你表达出足够的诚意去倾听时,就容易赢得信任,人们会愿意敞开心灵和你讲。

"我是一个孱弱的孩子,但家乡是一个巨大的母体"

记者:作家的写作,有的关注当下他所生存的空间,有的则在精神的原乡构筑自己的小说王国。您的写作,对于自己生活过的乡村和当下生活的城市都有展现,这两种不同的空间对您的写作有什么影响?

乔叶:如果说故乡是父母,我其实是不孝之子。我刚开始写小说,大概是 2004 年的时候,很不爱说自己是河南作家,想在写作时清洗掉自己的河南印记。总想着干吗要有河南特色呢?被地域一框住就小了,而且带个地域标签很土。河南就是大农村嘛。那时候心怀大志,就想当个全国性的作家,想让自己看着高大上。什么高大上?当然是城市生活啊。后来写着写着我发现,即使写城市,写的也是河南的城市,也有着河南的气息,因为自己骨子里就是个河南作家。尤其是写了长篇以后,这种感觉更强烈。长篇需要动用的文化储备特别多也特别深,所谓文化储备,就是长期以来你的生活,你的环境,你所受的教育,你的命运轨迹,这一切怎么能离得了河南呢?怎么能清洗掉河南印记呢?河南就是精神基因,是命里带来的。所以我认命了,心甘情愿。2011年开始写《拆楼记》时,我就不断回到家乡,汲取了很多营养。后来我写了一个中篇小说《旦角》,内容是基层豫剧女演员的情感生活,把一些著名的豫剧唱段贯穿其中,这个小说的副题就是"献给我的河南",正式表达了我对故乡的感情。到了写《认罪书》,里面也有着鲜明的河南背景,包括其中的方言,很多是豫北方言。我得承认,在文学意义上,其实我是一个很孱弱的孩子,但河南是一个巨大的母体,她一直在提供给我源源不断的滋养。

记者:您曾说过自己的写作一直很顺利,这些年有没有碰到什么障碍?

乔叶:障碍一般来说是比较明显的坎儿。可能我比较麻木,还真没碰到一座大山横在那里的感觉。我觉得写作更像是爬坡,爬的时候只管努力地往上爬,慢慢爬的时候也会觉得吃力,但不觉得是特别恐怖的障碍。等慢慢爬过去以后你才知道,哎呀,其实爬过去的那个山还蛮高的。

记者:有没有写得很累的时候,包括体力上的,精神上的?

乔叶:也有累的时候,但不觉得是特别大的消耗。有的人是被写作消耗的,有的人是被写作滋养的。我是属于后一种吧。对我来说,写作是一件享受的事。我不太喜欢听人家说写作多么苦啊多么不容易啊,好像在受虐似的。我做这件事20多年,乐此不疲,一定是享受的成分大于所受的折磨,虽然也有受虐的时候,话说回来,无论是对人还是对事,只要是真爱,怎么会不受虐呢?虐之深,爱之切啊。

(记者:金涛,原载于《中国艺术报》2017年9月6日)

"李巧艳"是我的世俗生活，"乔叶"则是我的精神生活

十多年以前，人们提到她，"散文"是标签；十多年后的今天，人们再提到她，"小说"则成了她的标签。她不断向时间深处挖掘，向生活底层探索，她在广阔的世界里行走，同时拓展内心的纬度，写出了万千气象。

在李敬泽先生看来，她是真正具有生活热情的小说家，因为热爱生活，所以她能看到未被理念整理和驯服过的真实的心灵。而邱华栋先生则认为，她总能从时间深处引来一泓活水，让它热气腾腾地奔涌到当下的社会现实里。

她就是乔叶，河南省作协副主席，鲁迅文学奖的获得者。

新作：长篇小说《藏珠记》，教你如何爱

大唐天宝年间，长安城的一个女孩在自家的客栈里收留了一位生命垂危的波斯人，波斯人临终时赠她一灵异之珠。此珠能葆她青春且长寿，前提是不能与男人情爱交合。一千多年来，她始终恪守着这条戒律，直到遇到了一名烹饪世家之子……

这就是乔叶的最新长篇小说《藏珠记》。自8月份由作家出版社出版后，迅即在国内引起关注，并入围"中国好书九月榜""九月文艺联合书单""华文好书九月榜"。

其实，《藏珠记》的诞生，和乔叶的前一部长篇小说《认罪书》不无关系。

2013年，38万字的长篇小说《认罪书》出版后，乔叶就想休息

一下,写一部体量轻一点的小说。2013年年底到2014年年初,韩剧《来自星星的你》大热,她也跟着追剧,追着追着,就"老妇聊发少女狂":如果一个人从中国的历史深处走来,会是什么样?

于是,乔叶就有了写《藏珠记》的念头。

"我喜欢唐朝,我喜欢唐朝开阔、强壮、自信的民族气质,更喜欢唐朝灿烂绚丽的文学。也因为我一直在微胖界,身边很多朋友开玩笑说我是从唐朝过来的人,所以我的个人感受一直和唐朝很亲近,自然而然就想写唐朝,写生活在唐朝的一位女子。"乔叶说,小说中的女主唐珠唯一开外挂的就是吃了波斯人的珠子,除此之外,她没有什么特异功能。如果一个人为所欲为地活着,肯定早就活得绝望了。她还不能太漂亮,太漂亮了就不利于这么长久的隐藏。她也得有爱好,比如热爱美食,才能让她一直拥有生活的热情。更重要的是,她还得有局限和缺憾,比如守住贞操。如果唐珠守不住,就可能死。这好像是一个紧箍咒,让主人公唐珠的人生有所忌惮,也留着最重要的空白。

于是,在《藏珠记》里,岁月流逝了一千多年,唐珠安静地生活在当下的郑州,就像这座城市里任何一位普普通通的女子。但她时时刻刻都在思考,如何爱别人,如何爱自己,到底爱还是不爱……这是一个活色生香的虐心故事,显示出一种清奇灵动、流丽酣畅的轻逸之美,而在轻逸中又隐藏着对尘世的深沉喟叹和绵长叹息,令人耳目一新。

严苛:一年修改了五稿,直到改不动为止

2015年,乔叶断断续续写了一年,才有了《藏珠记》的雏形。而从这年年底开始,她开始对《藏珠记》进行修改。在整个2016年,她对《藏珠记》修改了五稿,直到改不动为止。

创作中的她也会遇到棘手的问题,而她的解决办法,就是放一放,放一放就冷静了,冷静之后再调整。

对于《藏珠记》,著名作家李佩甫认为有着奇诡的想象力,同时在文本上也有很大创新。"我当年希望她宽阔、丰富,在这本书中她做到了。"

诚如李佩甫所言,为了写好《藏珠记》,乔叶深入中国厨师之乡长垣县采风,她还找到中国烹饪大师李志顺请教。"以前,我对豫菜没有多少认识。而经过深入的了解,我才明白,一道菜联系的东西太多了,包括自然的伦理、世事的变化、历史的更迭,都有可能在菜里呈现。其实主人公唐珠,历经一千多年活在当下的郑州,她的经历和豫菜这么多年的历史是遥相呼应的。"

乔叶说,中国古典文学史上那些伟大的记录者和书写者,是她这个原创者背后潜藏着的另一种意义的原创者——《独异志》《广异志》《资治通鉴》等关于波斯人和珠子的那些故事,是一棵棵大树,而《藏珠记》则是其中引出的斜枝。她甚至将北宋的《东京梦华录》、沈从文的《中国服饰史》找来,一页页细读,以确保自己写出来的每一个细节都有出处。

回忆:那时,我是个"异类"

乔叶出生在河南修武县一个普普通通的农家,父亲是焦作市矿务局干部,是村里的第一个大专生,而母亲则是村小学的民办教师。在童年记忆里,她一直觉得自己是一只并不受关注的"灰小鸭":弟兄姊妹五个,她是老四,上面两个哥哥一个姐姐,下面一个弟弟。几个兄弟姐妹中间,既不是最小的,也不是最受宠的;既不漂亮,也不灵巧。那时候,文学对她来说,几乎是个无法触及的梦。

从小学到初中,乔叶的成绩一直很好,她的作文经常会被老师拿来当范文朗读,这是她觉得自己身上唯一一闪光的地方。她梦想着用成绩来改变自己"卑微的命运"。然而,14岁那年,一心想上大学的乔叶却因为父亲的意愿而放弃考高中,不情愿地选择了一所师范学校,"因为家庭条件不好,上师范有补贴,而且也会更快毕业,捧上一个铁饭碗"。

师范毕业的乔叶,还不到 18 岁,和大多数同学一样,被分配到一所乡镇中学当老师。

"我那时太年轻,不懂得学生的心思。我愿意跟孩子们沟通交流,但对于乡下那种传统的教学方法来说,我是个'异类'。"多年后回忆那段生活,乔叶用了"寂寞"和"孤独"来形容。于是,她选择读书、写作,找到了适合自己的生活方式。

当时,学校里订有《中国青年报》。看了《中国青年报》上刊发的一些文章,乔叶觉得自己也能写出这样的文章,于是就大胆地给《中国青年报》投稿。

1993 年 2 月,《中国青年报·副刊》发表了乔叶的散文处女作《别同情我》。此后,乔叶的散文创作一发而不可收。

薪火:你要靠作品说话

在每个人的生命历程中,总会有一些人,会对自己产生极为重要的影响。乔叶也不例外。

1999 年,乔叶参加一个散文研讨会,和河南省文学院原院长、省评论家协会主席孙荪先生第一次见面。

"我问他是谁,他说他是省文学院院长。我又问文学院是干啥的?他说是专业写作的。我说我能进文学院吗?他说有可能,把写过的东西寄过来吧!"回忆起当初的一幕,乔叶不好意思地笑了。

后来,乔叶果然收到了孙老师的回信,称她的"散文里有故事,有小说的底子",她感觉他的夸赞有点儿官腔。

再后来的一天,时任常务副院长的李佩甫先生竟然去修武县"考察"她了。到了 2001 年,乔叶如做梦一般真的调到了省文学院。刚到省文学院工作时,乔叶参加很多研讨会,其他作家发言时提到了一些作家作品,她不但没有看过甚至没有听说过,这让她倍感紧张。看出了乔叶的局促和不安,所以,在此后的很多研讨会上,主持会议的孙荪总让乔叶先发言。乔叶说,这是前辈对她的关爱:"先发完言,就可以踏实听会了。"

与此同时,她开始接受李佩甫先生的教诲。他多次和她谈话。"我可笑的、丑陋的一切,都跟他说,他非常认真地帮助我,指教我,因此,我对他有很深的感情。"

那时候,只要李佩甫见到她,总是问:"写小说了吗?写好了,就给我瞅瞅。"

他主动要,她不给。不是没有,而是没有底气。

这一年,乔叶的第一部长篇小说《我是真的热爱你》在《中国作家》发表,而李佩甫是牵线搭桥之人。

随着她的荣誉越来越多,李佩甫又叮嘱她:"永远要记住,你的第一身份是作家,人家凭什么尊重你?就是作品,你要靠作品说话,因此什么时候都不能丢了笔,作品才是安身立命的根本。""他老说,我是柴火妞儿,没有什么资源,没有什么可以依靠的,必须靠自己。"

体悟:最慢的,应该是在写作中活着

"乔叶"太有名了,以至于大家都喊她"乔老师",绝大部分人甚至不知道她的真实姓名:李巧艳。

2007年,省作协选出新一届主席团,李巧艳是副主席。当时很多人就在私下里打听:"李巧艳是谁呀?"甚至还有人疑问:"这个名字没有听说过,她啥东西都没有写过,还能当作协副主席?"

直到今天,在文学江湖行走了20多年,依然有很多人不知道李巧艳。"'李巧艳'是我的世俗生活,处理最平凡的事儿,最接地气的生活。而'乔叶'是我的精神生活。"

说起"乔叶"的由来,那还是她在师范读书时,写了一首诗歌,投给了一家刊物。"我投稿的时候,身边的同学都不知道。当时心想,如果发了,虚荣心可以得到膨胀。如果退稿被同学们知道了,

多丢人。于是,我就想给自己取个笔名,这样万一遭到退稿,大家也不知道我是谁。我叫李巧艳,巧艳儿巧艳儿,于是就谐音成了'乔叶'。"

在我国文学界,"70后"作家已经走上前台,并发出耀眼的光芒。乔叶就是其中的典型代表。

她说,作家要看年龄,但也要看成长性。实际上,越发展年龄越不是问题,大家都处在一个大的代际中。当你的年龄没有转化为文学价值的时候,代际就没有任何意义。

乔叶说,对一个写作者而言,青春和年轻只是一种很普通很普通的概念性资源,没有什么了不起。任何人都有,也都会有,如果你以为以此就会建立起自己的世界,那只是一种客气的理论。对一个写作者而言,世界不是你们的,也不是我们的,归根结底,世界是文学的。

"每一个写作者都试图在用文学来抵抗岁月,抵抗生死,抵抗虚妄,要想让自己的抵抗变得坚实有力,我想,除了让自己在从容中获得慢,在慢中获得从容,然后以这从容的慢和慢的从容去淘漉出文学的金子,也许我们没有更好的立场和选择。"乔叶说,最慢的是活着,最慢的也是写作,最慢的是在活着时写作,最慢的也应该是在写作中活着。

(文/梁新慧,原载于《东方今报》2017年10月10日)

对话乔叶：我常常为困惑而写

记者：和都教授在地球活了400多年相比，您笔下的唐珠是从唐朝一直活到现在，为什么选择唐朝而不是别的朝代？

乔叶：当确定要写这个小说时，我的第一直觉就是，要让唐珠生活在唐朝。最重要的原因大概是有这么几条。一是我一直处在微胖界，朋友们经常开玩笑，说我要生在唐朝，那就是最符合主流审美观的。或者他们干脆就叫我是从唐朝来的人。所以我对唐朝有一种特别体己的亲近感。二是我喜欢历史和文学中呈现出来的唐朝，有一种开阔、自信、饱满和绚丽的气质，这种气质特别鲜明，并且源远流长。每次走到洛阳郊外的伊河边，仰望龙门石窟的卢舍那大佛时，我总是激动得不能自已。再一个原因就是我读唐朝《独异志》《广异记》之类的闲书时，那些怀揣着奇珍异宝的波斯人在我的心里扎下了根。既然他们的珠宝有各种各样的神妙之处，我想，如果其中有一颗宝珠能够让女主长生不老，那也很相称。

记者：对小说创作来说，时间与空间，生与死，都是永恒的话题，您在构思的时候，对这个问题有没有困惑？

乔叶：怎么会没有困惑呢？困惑还很多。以前每次听到电视剧《康熙大帝》里主题歌唱到那句"我真的还想再活五百年"，我就会想，要真再活了五百年，会是什么情形呢？后来看波伏娃的小说《人都是要死的》，男主人公活了六百年。我选择了让女主生在大唐天宝年间，她就能活一千多年。这个时间的跨度大大超出了我以往的写作经验，怎么处理时间和空间，怎么去体会生和死，都成了很大的问题。所以我的困惑很多，但我也知道，困惑不是坏事，对写作者来说往往埋藏着财富。我的好奇心和想象力由此也被大大激发。其实说到底，一千多年无论多么漫长，也是可以想象的。

怎么想象？就像寻常人一样，让女主一天一天过日子。无论多么奇诡的想象，落到了日常生活的地面上，就有了依靠。

再谈两句困惑吧。有的作家是想明白了才去写，是为所知才写，是要把自己高妙的洞见告诉世人。我不是。我是为困惑而写，为好奇而写，为迷茫而写，为痛苦甚至为恐惧而写。在写完之后，才会适度地减少这种困惑、好奇、迷茫、痛苦和恐惧。

记者：这一千多年的历史里，留下的文化瑰宝太多了，您却巧妙地选择了美食这个角度，可以很厚重也可以很轻松，您是怎么把握这种深厚与轻巧的？

乔叶：我的朋友们看完这本书后，第一反应就是：你真不愧是个典型的吃货呀。是啊，如果不是个典型的吃货，我还真不会选择美食这个角度。在郑州定居了十来年，我去过很多饭店，认识很多厨师，听他们聊过很多豫菜的事，积累了不少原材料，以这些原材料写过系列散文，也写过短篇小说，都不过瘾。这次终于放到长篇小说里来，痛快了一把。

当然这些原材料说到底都是为小说人物服务的。唐珠虽然活了一千多年，但除了在保持处女之身的前提下长生不老，也没什么更特别的。如果她很漂亮很妖娆或者有着举世瞩目的才华技艺，也就不可能"万人如海一身藏"，所以这个看起来很平凡的"千年妖精"，活了这么久，不能爱人，不能被爱，她最能投放热情的就是美食了。而金泽这样的精英厨师也是我心中理想的男人形象。我一直觉得，男人态度纯粹地专注于某一件事时，是非常有魅力的，非常性感。

美食这件事，说来无奇，不过一日三餐而已。但是却也实在是一件要紧事，所以自古才会说"民以食为天"。在饱腹的层面之下，礼仪、道德、利益、欲望……人性的各种东西都可以在其中深度纠缠，所以它的深厚和轻巧是本身具备的，我要做的事，就是去把这些用文字照亮而已。其实有关人的很多事，看着小，比如衣服、首饰、椅子，仅仅去看的时候都很轻巧，从文化层面上去挖的时候，没有不深厚的。

记者：书里不同的人分别从第一人称角度进行叙事，选择这样的叙述方式，是不是也是您在"厚"与"轻"的平衡上的一种技巧？

乔叶：这本书，我的初衷是想写得轻巧些，不要太长，15万字以内。因为你想，活了一千多年的女主，你要铺开去写，那得写得多浩荡啊，哪里是15万字的事？远超过了我的格局和能力，当然我也没有那样的兴致或者说是雄心。我就想满足一下自己的初衷，探询一下一个人如果真能长生不老，究竟是什么心态，再就是人活一辈子，无论是活得多么长或者多么短，最重要的东西应该是什么。

本着这样的初心，我就必须得用结构控制故事的进展。我也曾经试着用单人的线性叙述，也就是女主一个人的叙述，但很快就觉得不满足了。这个角度贯穿始终，太容易单调，对其他人物也太有失公允。于是几度权衡，就采取了现在的结构，顿时觉得充实和丰满了起来。这几个人物，他们都有自己的叙述，并在各自的叙述中让故事递进发展，像几个交替领跑的队员，我跟着他们每个人跑，写得更有意思，也确实更容易在其中进行跳跃和平衡。我也暗自揣测，读者看看可能也更有意思吧。

我个人觉得，重要的不是叙述方式多新鲜，而是给作品找到合适的叙述方式。就像脂粉再漂亮，没有让上妆的脸美起来，那就没有意义。

记者：唐珠活了一千多年，人类的基本情感在她那里早就该波澜不惊了吧？可她在金泽这里爱得与一般少女无异，这样还是很难说服读者吧？所以您让她被一个人性很恶的人侵犯，让她的命运发生急剧的变化，小说被人物的命运推着走。看到这儿，我觉得这部被您称为偏"轻"的小说，依然是重的。它与网络文学里流行的"穿越"小说是截然不同的，它依然是严肃文学范畴的。您觉得呢？

乔叶：提出这个问题，证明你读得很深入，深入到了我自己都不太敢正视的部分。事实上，我接到过不少读者反馈，他们觉得唐珠一直没有勇气把自己完整地给金泽，纠结到最后却被赵耀侵犯失贞,这让他们觉得很失望。他们质问我:"为什么?你为什么要这么写?"

为什么?因为我只能这么写。正如你所言,此时的唐珠,她必须"被命运推着走"。赵耀是恶的存在。恶的存在对善意味着什么?是摧残,是鞭挞,也是提醒,是淬炼。小说写到后面,唐珠一定要结束永生不爱的酷刑,就一定要失去处女之身。破贞的人能是金泽吗?不能。唐珠能为金泽破釜沉舟吗?也不能。他们相爱,但也是凡人的相爱。金泽爱得青春炽烈,唐珠爱得沧桑深沉,但他们都自有规矩或者藩篱,难以越过。有破坏力的是什么?是恶,恶固然恶,但我们不得不承认,恶自有其用。恶的存在对善意味着什么?是摧残,是鞭挞,也是提醒,是淬炼。

写到这些时候,我想了很多。为了回答你的问题,我又梳理了一下,似乎清晰了很多,谢谢。

记者: 邱华栋说您做到了两个隐藏:地域文化和性别身份的隐藏。但在《藏珠记》里通过美食、豫菜,感觉到了您对地域文化的有意着笔。

乔叶: 邱华栋先生表扬得有点儿"过分",让我有点儿羞于接受。不过他的很多观点我还是很认可的,虽不能至,心向往之。比如两个隐藏,确实是我写小说初期特别想做的努力。那时候,我特别不爱说自己是个河南作家,当然对家乡河南还是很热爱的,只是那时的心态很奇怪,就觉得那些看不出家乡背景的写作很酷炫,很有姿态。也不想让别人看出自己是个女作家,莫名其妙地认为这很出挑,有意思。不过,到现在,我已经不太着意什么隐藏不隐藏了。藏不住啊,也不想藏啊。《拆楼记》《认罪书》里,都有很浓厚的河南气息。在《藏珠记》里的河南气息就体现在豫菜里。

记者:《藏珠记》的题材在影视领域会很受欢迎,如果改成影视作品,您会参与剧本改编吗?

乔叶: 不会。我的小说影视改编权转让过几部,从来没有参与过剧本改编。顶多是参加一下他们的会,旁听一下。小说和剧本是两码事,小说是个人完成的游戏,是独立运行的王国。但剧本就是各种力量的复杂平衡,编剧需要面对的东西非常多。我自知能力极为有限,就安心做一件事吧。能把小说写得好点儿,我就觉得自己烧了高香了。

记者：您在散文、中短篇小说、长篇小说创作上都有建树,未来的写作计划是怎样的?

乔叶：我心无大志,小富即安。常常没什么明确的大计划。如果谈小小的愿望的话,那就是写。我才华欠缺,意志薄弱,所以总是试图在写作中修行,希望能写得好点儿的同时,也让自己活得好一点儿。

(记者:侯艳宁,原载于《燕赵都市报》2017年9月30日)

乔叶：面对青春的营养，我是获得者

1. 现在的状态是什么样？

我真的觉得人到中年，万事齐来，这是目前的状态。不过还好吧，我儿子今年刚读大学，去了加拿大。去年的时候我就想着今年自己能够出来读读书，现在正在鲁迅文学院和北京师范大学办的研究生班学习，我们这是第二届。莫言、余华他们是很多年前的第一届。我们赶上"隔了17年以后恢复了一个伟大的传统"，莫言前一阵儿还在提这个事（笑）。

我来了之后就跟鲁迅文学院邱华栋院长说，我注定不是个"好学生"，因为要兼顾河南作协那边的工作，还要经常回去。现在课程密集，每天要去北京师范大学上课，刚过来不太适应，挤地铁几次挤不上去啊、打滴滴堵到路上堵半天这种，在郑州没有这么奔波过。艰难的还有英语，我英语比较差，鲁迅文学院很用心，专门请了英语老师给我们班特别安排课程。十一月份中国作协"国际写作计划"将会特别安排在鲁迅文学院这边，到时候会有国际作家过来，所以大家在积极学英语，我下载了一个软件，每天在记单词。

人到中年能够有这么一个学习的感觉，会有一种幸福感。尤其是我第一次去北京师范大学图书馆的时候，看到那么多人都在安静地读书，非常震撼。我1990年中师毕业，没上过正规的大学，虽然后来自考了本科，但我一直有学历自卑症，特别羡慕这种接受过正规大学教育的人，来这（学习）满足了我这方面的梦想。

2. 你是写散文出身的，怎样实现从散文到小说的跨越？

散文有一个写作伦理，它比较贴近个人的经历，基本是写实的。一方面很容易打动读者，一方面它的篇幅结构处理容易平面化。说这话容易显得文体歧视，当然每一种文体都有它的魅力。

在我的感觉里,语言的转换是最表面的,关键是自己创作意识的转换。散文像平房一样,建造的难度不是很大,你可以很舒服地进去。小说像一个大厦,从打地基到承重到通风消防都很有讲究,它建立的是一个独立王国,而且要自成体系运行起来。我觉得小说对写作的要求更多,它有一个虚构的壳,它要讲故事,要建立独立运行的世界,它更贴近人性深处、更复杂。

我在写散文之初,已经有小说的萌芽。我师范毕业后当了四年乡村教师。乡下教书生活很贫乏,那时候就写青春散文、哲理美文,我是最早熬心灵鸡汤的(笑)。写着写着就从别人身上找故事,这其实是挺有意思的,从别人身上看到故事性,别人讲的很有限,需要你虚构其中的一部分把它连接起来,然后以散文的形式表达。当时我觉得在散文里加入故事比较爽,后来因为"散文写得有故事性"还得了首届河南省文学奖。

对我来说转变最致命的是,散文很爱从一个故事总结出一个道理,实际上当时我一边写一边自我怀疑,我觉得自己讲的道理是线性的,真的这么可用吗?比方说写"一块砖的幸福",男人女人离婚后,过一个水洼,男人把砖垫在女人脚下,相比离婚前争吵时,砖会敲在头上,从而觉得有时候幸福就是这么简单。我在写的时候会质疑:真的是这么简单吗?慢慢地,我敢于承认:这种线性道理是单薄的,更丰富的人生经验我并没去挖掘它,我觉得这些应由小说来表达。凡是能够一句话总结出来的经验是可疑的,在小说意义上来说可能是不同的版本,这是我意识上的转变。以前我总觉得需要有一个正确的鲜明的道理来指引你的人生。自从写了小说,我觉得可能丰富更重要,也更愿意探寻复杂性。

3. 从事文学创作对你影响最深的人是谁?

2001年我调到河南省文学院,是重大人生转折。我在写散文的中间已经有了小小说的磨炼,但正儿八经的小说创作是在文学院接受专业训练以后。李佩甫老师当时是我们的院长,还有李洱等等一帮小说家,当时开月评会,在研讨中我突然发现原来小说是这样一个世界,很不一样。

李佩甫老师对我是全方位的影响。当时我到文学院是他到县里考察我的,他知道我写散文,觉得比较单薄,就鼓励我写小说。他鼓励我先写中短篇,磨炼一下技术。我那时候年轻气盛,不太认同他的话,就没听他的劝,写了一个长篇,运气也好,发了《中国作家》的头条,后来长江文艺出版社也出了,还上了中国小说学会的排行榜。回想起来,实际上我觉得是前辈们都很善良,当时对我要求比较低,对我鼓励很多。回头看觉得当时其实写得很不像样。写完第一个长篇后就想练练中短篇,我2004年上鲁迅文学院的高研班,《人民文学》的主编李敬泽老师作为导师带我,我的小说创作意识的建立跟他的指导有很大关系,他的水准非常高,非常厉害。

4. 你提到李佩甫对你的影响,河南作家群被中国文坛称作"文学豫军",有二月河、刘震云等等大家,你觉得你自己写作的风格和野心是什么?

如果说李佩甫、二月河、阎连科、刘震云这些前辈的写作风格是高山大树的话,我觉得我更像柔韧的河流,河面波澜不大,河水里也有点儿鱼虾,这样的河流能有什么野心呢?如果能流得长一些,远一些,就是了不得的野心了。长远到什么程度呢?将来有一天,我离开了这个世界,我的作品还能替我活着,就很满足了。

5. 你后来小说中的故事都具有现实映射,是基于什么立场?

我的立场就是尽量没有立场。比如《拆楼记》,就是以我姐姐家的违建拆除、希望能够得到政府补偿利益为蓝本写的非虚构小说。写这样一个作品,我很少会站到某一个道德高地讯问或者判断,我尽量去除立场,让各种人的声音出现,无论是官方的还是民间的,我要它的丰富性。如果一定要说文学有它的真理的话,这种多种声音并存就是它的真理,而不是说有一个声音特别响亮。

6. 写作中有没有遇到迈不过去的坎?

会有。以前会逃避,觉得绕过去得了,像坐地铁,本来1号线到,但是觉得1号线人太多,怕挤不上,就绕到4号线5号线。后来才敢于正面迎上,发现还是能挤上的。挤也不是那么可怕。

就创作本身来说,我一直是蛮兴致勃勃的,觉得很有意思,素材对我不是问题,我的兴趣点非常多,对我来说没有不可写的东西,就是能不能写好的问题。写《拆楼记》的时候就遇到了难点,以前写的小说偏重于感情,但是《拆楼记》涉及广阔的社会层面,需要一一了解。那时很辛苦的,姐姐在乡下,我在郑州,经常往返跟踪这个事件。最难的并不是素材,而是你怎么把素材表现出来,当时这个是比较痛苦的,现在看,所有的苦都是有回报的。

7. 怎么看纯文学创作和后续的商业营销?

以前觉得商业方面不太在意,现在觉得蛮重要的。但是心态上自己要分清楚它有一个边界感,写的时候不能有功利心,要为写作本身服务。写完了,这本书要有定价、成为独立的商品时,就要为出版社负责,这时有了另外的责任和义务,要服从商业的环节和程序。像《藏珠记》到现在,我已经手签过 4000 多本了。我现在也认识到,当你开始去做活动营销时,也有收获。比如活动现场有很多读者面对面交流,这也是一种历练。我觉得有些写作的人活得太狭窄,自己在书斋里在电脑前过着"二手生活",扒个资料就开始写,这其实挺有局限的。其实还是很需要现场感。读书活动我近年来参加的蛮多,最近我也打算去高校做做讲座,人到中年需要跟年轻的人多交流,接受一些他们的信息,可以保持饱满的创作感觉。像现在在北京师范大学读书,原来想象自己这么老了怎么办,实际上见到年轻人还是很开心的,之前完全是一种臆想中的沮丧。面对青春的营养,我是获得者。

作家容易活得很小圈子,我觉得某些时候还是需要适当地把圈子打开,知道人心。我觉得还是要提高自我的学习能力吧,向年轻人学习。我跟我儿子的关系就一直很好,很注意向他学习(笑)。

8. 提起儿子就很开心的样子,你在他成长中倾注很多?

我们俩应该是一起成长,他教育我也蛮多的。他在初中时有一段逆反,主要原因是在我,总觉得初中了要加油了,是焦虑型家长,他就觉得没必要,他属于心态比较从容的孩子,那时我们俩老闹矛盾,不过很快就好了。后来发现他自律性很强,计划性很强,我完全是在那瞎操心。我就非常信任他,所有的重大决定都由他自己来定。现在他上大一,工作方向都已经想好了,都是自己做决定。是带着学分进的大学,也有奖学金,他很自豪地说:"妈妈我给你省了好几十万呢。"

我对他很信任,也比较放手。他在国外读书,我就经常给他的账上放一些钱,让他自己注意汇率购汇,不要让我来操心。我说这都是他自己的事情。也许会买高买低,会有损失,这都不要紧,给他建立一个大的意识,这个最重要。这是我的教育方式。我一直相信,你给他一份信任,他会给你一个惊喜。

9. 新作《藏珠记》着意写了中原饮食文化,为此你还跟访豫菜界的诸多名厨,是想呈现家乡传统餐饮的特色?你本身算得上吃货吗?

应该算吧,我很爱吃豫菜,确实采访了豫菜界的很多名厨,他们都很厉害。不过我基本上是做得不行、吃得还行的那种(笑),平常开会去不到的地方,吃倒专程去了。总觉得人世间有这么多好吃的东西,干吗要辜负它们呢?

这方面的积累之前就有不少,但是这块素材一直在沉淀,这个小说等于是把它激活了。我还打算出一本美食的随笔集。对我来说,生活中所有的体验都可以为写作所用,没有不值得过的生活,这是写作最大的福利。

10. 你写了两人纯真的爱情,现实生活中的爱情,你怎么看?

现实中的爱情计较的因素太多了,很不容易干净。我的写作,有时候是写恐惧,当我很恐惧一件事的时候,把它写出来就不那么恐惧了。有时候是写缺少,不满足的东西,我会在写作中表达出来,就能获得某种满足。有时候呢是写疯狂,不能够在生活中进行的东西通过写作来完成,这都是写作的福利。这个小说,是在写缺少吧。现实生活中这样的爱情,近乎神迹。

11. 你最欣赏的女性品质?

慈悲,女性的慈悲很重要。像我的奶奶,苦了一辈子,还是很宽容,她一辈子都在忍耐自己、理解别人。但是慈悲是后面有智慧做底子,而不是无原则的纵容。"唯有宽容,才能自由。"我非常喜欢这句话,宽容是一种能力。人活得特别大才会宽容,宽容能抵达慈悲,否则就变成忍耐。

12. 对你影响最深的书和作者?

挺多的,阶段性的都有不同。现在这个阶段,看卡尔维诺更多,他的故事貌似离奇,现实逻辑又很严密,像《树上的男爵》,一个人在树上生活那么多年,怎么可能呢?很奇怪,但他就进行得严丝合缝。我写《藏珠记》其实是有些学习他的。

长期爱读的是《红楼梦》,《金瓶梅》我也很喜欢,兰陵笑笑生这个作家很有力量,很冷酷,又冷中有热。他写世相的复杂性和人性极其深刻,这本书我人到中年之后,越来越读出它的好。他在剖析人性时像一个手段极其狠辣的医生,比方说西门庆在《水浒传》里读是很可恶的,在《金瓶梅》里他就有很不同的地方,不单纯是浪荡子。他在妓院里很呆萌,对儿子又很温暖,对李瓶儿对吴月娘撒娇时又很可爱,在十兄弟算计他的时候他其实是很大度的,憨态可掬……是很多维的、深陷在欲望里的可怜之人,有他本心的一面,并不是一个万恶之徒。还有一群中年女人的复杂性,比如李瓶儿对花子虚的算计是很不厚道的,但是对西门庆的温柔、对儿子的爱,又很深情动人。包括应伯爵,你觉得他很油滑吧,但又觉得他真是很聪明。这是非常通人情世故才能写出的大手笔,这就是文学的魅力。

13. 你在文联有任职,对于工作和写作,你的重心怎么摆?

我35岁时就当选了河南省作协副主席,虽然是一个虚职,但作为俗人还是很满足虚荣心的,现在在作协做一些行政工作。也可能是能力有限,始终不太适应行政系统的这一套运行。我经常说自己是个体劳动者,最幸福的还是自己写作。李佩甫老师经常教育我,对我说"做点儿事没坏处,你生活得太狭窄"。他经常跟我说这种恳切的难听的话,谆谆教诲。因为我总觉得大好年华不写东西,做这些事是浪费时间。现在看他说的是对的,其实在作协的行政工作还是拓宽了边界,你会生活得更开阔。我现在深刻地认识到这一点。

如何分配时间和精力，不存在一个很直观的矛盾，如果有矛盾，只能说你自己没有做好。很多作家其实做得很好，像王安忆老师，她的工作也很多，但是创作一直保持得很好。包括迟子建、方方老师，自己的事很多，未见得清闲，却也一直在写作。跟他们比起来，这两处平衡不好的话绝对是自己的问题。

14. 日常生活中你是否严肃还是会时常开玩笑？

要看什么场合。还是会很有比较清晰的边界感。在办公室就很严肃，就做办公室的事情，我的办公室一盆花都不放，就很像办公室。我在这里就调整自己的角色，告诉自己，你就是一个行政人员，需要开什么会啊，处理公文啊，完全去个人化。比如开会什么的，绝非是我擅长的。但是一定要把我放在那里，我也会尽力做好。

日常交往我还是很率性的，包括跟读者做活动，这些很个人的事情我比较喜欢率真一点，这样效率更高，不然大家彼此浪费时间。交朋友方面我口味比较杂，有各种各样的。我觉得本来已经是一个文学的人了，不要把自己的生活和交友也搞得很文学很文青，不要让自己活得很单薄。有在一起互相吐吐槽说说柴米油盐的世俗的朋友，有委婉含蓄、多年以后才能体会出很深情义的朋友，相比而言，我更喜欢和文学之外的朋友交往，尽量不让自己活在一个小圈子里，也可以有效矫正自己。

15. 你有哪些比较难忘的梦境？

最难忘的就是梦到我奶奶。童年的时候奶奶照顾我比较多，所以她去世后我梦到她比较多，就像她还活着。她去世好几年之内，每次梦到她都会哭。她是重男轻女，觉得女孩儿不重要，她对自己其实也很苛刻，比如吃饭不上桌啊，好吃的留给男孩啊。她就是觉得女性应该是这样的待遇。我小时候肆无忌惮，经常跟她顶嘴，她觉得我不是一个女孩儿的性格，又不会做针线活，光读书有什么用，我的叛逆跟她会有很明显的冲突，在《最慢的是活着》里我写到很多。长大以后，我们能够像成年女人一样去对话，和奶奶就越来越好了。

16. 你认为现实中的幸福是怎样的？

爱和被爱都很幸福。当下很多年轻人都会很纠结这个问题，怎么爱得更值得。写《藏珠记》我其实是想探讨人这一辈子最重要的是什么？实际上，如果没有爱，活着是没有意义的，即使活一千年，又有什么意义呢？有读者说"爱又怎么样，总是会消逝的"，我觉得人生就像抛物线，总要有顶点的那一刻，那就是为爱豁出去一次，别无所求地去爱。有这个顶点很重要，而不是说一辈子都没有达到这个顶点就下去了，活得像条平行线，那是蛮可悲的。

（提问者：木子吉，原载于《北京青年报》2017年11月16日）